帛书道德经义贯

老子之道德经 非人人之道德经

方烈 编著

新华出版社

图书在版编目（CIP）数据

帛书道德经义贯 / 方烈编著 . -- 北京 ：新华出版
社，2023.12
　　ISBN 978-7-5166-7299-0

　　Ⅰ．①帛… Ⅱ．①方… Ⅲ．①《道德经》－译文②《
道德经》－注释 Ⅳ．①B223.1

中国国家版本馆 CIP 数据核字 (2024) 第 042243 号

帛书道德经义贯

作　　者：方　烈

责任编辑：李　成
封面设计：树上微出版

出版发行：新华出版社
地　　址：北京石景山区京原路 8 号　　　　　邮　　编：100040
网　　址：http://www.xinhuapub.com　　http://www.xinhuanet.com
经　　销：新华书店
购书热线：010-63077122　　　　中国新闻书店购书热线：010-63072012

照　　排：树上微出版
印　　刷：武汉市卓源印务有限公司
成品尺寸：170mm×240mm　　1/16
印　　张：21.75　　　　　　　字　　数：197 千字
版　　次：2024 年 3 月第一版　　印　　次：2024 年 3 月第一次印刷
书　　号：ISBN 978-7-5166-7299-0
定　　价：78.00 元

自　序

　　明代大成就者释德清（憨山大师）在《观老庄影响论》中说，中国圣人之言，能称得上载道的，唯有《道德经》（原名《老子》）。故欲坚定文化自信，不可不读《道德经》。而对于时下国人的诸多心理困惑，《道德经》更不啻一剂绝佳良药！

　　然而，《道德经》世传版本极为繁多，据北京大学考古文博学院高明教授《帛书老子校注》，"一九二七年王重民著《老子考》，收录敦煌写本、道观碑本和历代木刻与排印本，共存目四百五十余种"，何况诸多版本"经文皆有讹误，被后人改动之处甚多，往往因一字之讹，则经义全非"，大失老子本旨。直至一九七三年长沙马王堆汉墓帛书本《老子》（下简称帛书本）出土，方得以窥见《道德经》的真面目。后虽有更古老的郭店楚简本面世，但残缺不齐，仅有一千七百余字，文意和排列顺序与帛书本亦有较大差异，无法作为学习之用。

　　《道德经》义理玄妙幽深，而文字简练，文法古朴，若

1

不依靠注疏，断难入门。历代注疏亦是汗牛充栋，夸张之说"注者三千余家"（高明《帛书老子校注》序），令人望而却步。且诸多注疏或如盲人摸象，或如小马过河，多是一家之言而非老子之言，如释德清大德所言，"多以己意为文……乃人人之老庄，非老庄之老庄也"。譬如以为老子的"无为"就是无所作为，消极避世，而不知老子的"无为"乃是无"无为、有为"之无所不为，是红尘中修道而非与世隔绝。或者言老子"愤世嫉俗"，而不知老子早已证入虚静无为之道，"致虚极，守静笃"，少私寡欲，非同凡夫，何来愤懑不满之说？此岂非"以凡夫之心度圣人之腹"！凡此种种，均是对老子的曲解。而对于道家所谓养生之道，憨山大师更斥曰："老子谓养生之道，后之学者，不知其本，妄构多方傍门异术，失老子之旨多矣。"

再则，历代注疏多依有讹误的世传本为底本，可谓"错上加错、一错再错"，而对于帛书本的经典注解则几近空白。

在诸多注疏中，能得老子本旨的，笔者以为当属释德清大德前后用功十五年方告完成的《老子道德经解》。如其所言，"或经旬而得一语，或经年而得一章，每参究透澈方落笔，苟有一字有疑而不通者，决不轻放……始于东海，以至南粤。"实属老子之老子。惜乎大德所依之底本，依旧是有讹误的世传本。

帛书本的面世，虽化解了个别"千载疑案"，然又添新疑。且历代注疏中，均不乏盲点与死角，有的地方大多一笔带过。有鉴于此，本书便试图以释德清大德对老子义理的解悟来消解帛书本，以较为浅显易懂的语言来诠释老子思想，并尽量廓清历代注疏中的诸多盲点与解经死角。

帛书本分为甲本和乙本，乙本避讳"邦"（汉高祖刘邦）而不避讳"恒"（汉文帝刘恒），而甲本则不避讳"邦"，说明乙本抄写在刘邦称帝之后、汉文帝登基之前，而甲本则抄写在刘邦称帝之前，时间较乙本更久远。一般来说，越古老可靠性越高，故本书经文以马王堆汉墓帛书整理小组编撰的《马王堆汉墓帛书老子》之甲本为底本（甲本缺以乙本补，两本俱缺以传世诸本补），书本中的假借字、古体字、异体字、夺字、衍字以及有争议的文字，均参考相关文献（见书后参考文献）并结合笔者理解予以勘正。

至于注疏，则主要参考释德清大德的《老子道德经解》。少数地方，笔者亦结合蒋锡昌的《老子校诂》等注解，反复斟酌玩味后予以取舍。

需注意的是，帛书本是按先德经、后道经顺序排列（故亦称为"德道经"），此与大多数世传本先道经、后德经顺序不同。另外，帛书甲乙本均没有分章，但考虑到读者阅读习惯，本书仍采用王弼本德经44章、道经37章的分段，且仍称之为"道德经"。

　　老子很多文句往往有其特殊之意，其确切解释，须以后文消前文，以前文贯后文，前后照应，方能知晓其义理，若"单独解释，罕有不误者"（蒋锡昌语）。是故本书凡是前后章节有关联的经文，多在括号内予以注明，既贯上下文，又通前后章，此所谓真正"义贯"。

　　因笔者好读成观法师大德的《楞严经义贯》，故本书行文格式上多少有些该书风格，然实因业障深而智慧浅，恐"画虎不成反类犬"，愧汗交颐，伏望诸君，俯垂玄鉴！

方　烈

2023 年 8 月于深圳

目 录

道经

德经

第一章

（通行本第38章）

上德不德，是以有德；

下德不失德，是以无德。

上德无为而无以为也。

上仁为之而无以为也。

上义为之而有以为也。

上礼为之而莫之应也，则攘臂而扔之。

故失道①而后德，失德而后仁，失仁而后义，失义而后礼。

夫礼者，忠信之薄也，而乱之首也。

前识者，道之华也，而愚之首也。

---

① 帛书整理小组甲本多"失道矣"三字，乙本无。高明教授《帛书老子校注》认为此三字"似被勾去的坏字""字迹不清未敢苟同"，笔者从高明教授。

是以大丈夫居其厚而不居其薄，居其实而不居其华。

故去彼取此。

【义贯】

至**上德**之人，清静无为，虽德被群生而**不**以为自己有**德**，**是以**称之为真**有德**。

下德之人不忘**失**（忘记）**德**之念，**是以**称之为**无德**。

以入无为之深浅而言：

最上之**德**，乃行**无为**之道**而无**（不）**以为**自己有**为**道为德之念**也**。

其次，**上仁**之人，其已经失德，故要施行仁（失德而后仁），然虽**为之**（施行仁）**而无**（不）**以为**自己有仁**也**。

再次，**上义**之人，其已经失仁，故要施行义（失仁而后义），其**为之**（施行义）**而有以为**自己有义**也**。

最后，**上礼**之人，其已经失义（失义而后礼），故要施行礼，其虽**为之**（施行礼）**而民莫之**响应不顺从**也**，**则攘臂**（举起臂膀，第34章"**攘无臂**"）**而扔**（拖拽）**之**（捋衣奋臂以手拽人强使就范，即兵戎相见）。

故人君失无为之**道而后**以**德**教化为治，**失德**教化而后迫不得已以**仁**爱为治，**失仁**爱**而后**以**义**为治，**失义而后以礼**为治。

夫礼者，乃**忠信之浅薄**而不得已以礼粉饰**也**，粉饰则诈伪生、动乱四起，为之而有莫之响应、顺从者，则动辄兵戈相见，故**而**礼为社会动**乱之**罪魁祸**首也**。

此以仁、义、礼为治之**前识**（先见之明之巧智）**者**，乃**道之浮华**虚伪不实**也**，**而**系**愚**（邪伪，非以愚治国之愚）之祸**首也**。

是以大丈夫（上德之君）**绝圣弃智，居其厚**（道德）**而不居其薄**（仁义礼），**居其实**（道德）**而不居其华**（仁义礼）。

故去彼（薄之仁义礼）**取此**（厚之道德）。

【诠释】

道为体，德为用，道统万物而言，德则人之体道于身。"道可道，非恒道""德可得，非恒德"，恒常之德本无得失，是故至上德之人，清静无为，虽德被群生而不以为自己有德，为德而不恃，施而不求报，不执着"德"，无得失"德"之心，无所得"德"，亦无所失"德"。如《坛经》谓"心平何劳持戒"，若心平气和，虽严持戒律，但其持戒乃自然而然，毫不费力，内心亦无丝毫要持戒的念头，无持戒之我、所持之戒律以及持戒之功德，纤尘不染，一丝不挂，故曰"上德不德，是以有德"。

下德之人则不忘德之念,谨慎护持德而不使退失,执着德。虽修德、不失德而以为自己有德,矜功恃为,看似得(德),实质未真得(德),如《坛经》云:"达摩初化梁武帝,帝问曰:'朕一生造寺、度僧,布施、设斋,有何功德?'达摩言:'实无功德。'"故曰"下德不失德,是以无德"。

"一切贤圣,皆以无为法而有差别",修无为之道亦有渐次、有浅深。以入无为之深浅而言,有如下次第:

1. 上德。有道有德,清静无为,而不以为自己有道有德,此即最上之德,乃修道之最高阶位,故曰"上德无为而无以为也"。

2. 上仁。失道失德之人,已不再清净无染,弃守无为而行有为,有知有欲而施行仁政,但其虽推行仁却不标榜自己仁,为仁而不以为自己仁,故曰"上仁为之而无以为也"。

3. 上义。不仁之人,不得不推行义,且自己执着义、标榜义,以义自居,为义而欲求报,故曰"上义为之而有以为也"。

4. 上礼。不义之人,不得不大力推行礼教,提倡礼,说明社会已经无礼,乱了。如果晓之以礼,仍有违反其礼而不顺从、不听话者,则会报复、处罚,动辄兵戎相见,所谓先礼后兵,故曰"上礼为之而莫之应也,则攘臂而扔之"。

人君失清静无为之道与德,不得已而推行有为之仁义礼,如前一阵地失防，不得不退守后一阵地，节节败退。故曰"故失道而后德，失德而后仁，失仁而后义，失义而后礼"。

尊老爱幼父慈子孝是人之天性，本来就有，今天却要提倡？说明已经失道、失德、失仁、失义。大力倡导礼教，乃是因仁义不再，不忠不信，不得已而以礼粉饰，最终礼崩乐坏、人心不古，社会因之动荡不安，故曰"夫礼者，忠信之薄也，而乱之首也"。

此等倡导推行仁义礼之士，自以为有先见之明，殊不知此不过是无道之巧智，当最后一道防线"礼"被击溃，必然导致天下大乱，可谓"大愚若智"，乃真愚痴，故曰"前识者，道之华也，而愚之首也"。

因此有道有德之人君，厚此而薄彼，取清静无为之大道而舍仁义礼等有为之巧智，故曰"是以大丈夫居其厚而不居其薄，居其实而不居其华，故去彼取此"。

上德	无为	无以为	无德之念
上仁	有为（为仁）	无以为	不标榜仁
上义	有为（为义）	有以为	标榜义
上礼	有为（为礼） 乱为（攘臂而扔之）	有以为	标榜礼

第二章

（通行本第39章）

昔之得一者，天得一以清，地得一以宁，神得一以灵，谷得一以盈，侯王得一而以为天下正。

其诚之也：

谓天毋已清将恐裂，

谓地毋已宁将恐发，

谓神毋已灵将恐歇，

谓谷毋已盈将恐竭，

谓侯王毋已贵以高将恐蹶。

故必贵而以贱为本，必高矣而以下为基。

夫是以侯王自谓孤寡不谷。

此其贱之本与，非也？

故致数誉无誉。

是故不欲琭琭①若玉，硌硌若石。

【义贯】

昔之得道之用德一（第54章"载营魄抱一"）**者，天得一以**清朗，**地得一以**安宁承载于下（地震火山即不宁），**神**（人心）**得一以为万物之灵，谷**（海）**得一以盈**满（容纳百川），**侯王得一而以为天下正**（"正"即以清静无为治国之国君，第8章"清净可以为天下正"，第20章"以正治邦……我好静而民自正"），是故天地万物皆以道为本。

其告诫之也：切勿失一，**谓天**若失一（与前文"得一"相反）而**毋已**（不得）清明，则**将恐分裂**而不能圆覆其上（天崩，狂风暴雨，轰雷掣电），**谓地**若失一而**毋已**（不得）安宁则**将恐发**（废，地裂，塌陷），**谓**心**神**若失一而**毋已**（不得）为万物之灵则**将恐生机休歇**而不能子子孙孙传之无穷，**谓谷**（海）若失一而**毋已**（不得）盈满则海水**将恐**枯竭，**谓侯王**若失一而**毋已**（不得）尊**贵以居高**位（天、地、神、谷、侯王分别对应"清、宁、灵、盈、为天下正"，则知"贵以高"对应"为天

① 此处帛书甲本残缺，乙本作"禄禄"，通行本作"琭琭"，"琭"指（玉）有光泽的样子，"琭琭"即指玉的珍贵貌，故笔者觉得宜从通行本作"琭琭"。

下正"，即侯王得一、以无为之道治国而位尊居于高位，反之，若"毋已贵以高"则不能居于高位），则政权**将恐**颠蹶（垮台）。

故人君欲为高贵，当体道无为而治，得一而不失一，须知**必定贵而以贱为**根本，**必定高矣而以低下为地基。夫是以侯王**欲得一而**自贱称谓孤、寡、不谷**（善），**此其**（自称孤、寡、不谷）**乃以贱为贵之根本**，此"得一"者，乃真贵与，**非也？**

故欲**致**（得到）**数**个美**誉**之称（美名，与"孤、寡、不谷"相对），将反而**无**（得不到）美**誉**而至数**毁**（恶名），然至数毁（孤、寡、不谷）而终无毁。**是故**知贵以贱为本，而**不欲如球球**（玉珍贵貌）**若玉**之高贵，而欲如**硌硌**（坚硬）**若石**之下贱。

【诠释】

道需流通、需起用方为真道，道生万物，万物离不开道，道之用即为德。"天清、地宁、神灵、谷盈、侯王正"，皆因其得道之用德"一"，故曰"昔之得一者，天得一以清，地得一以宁，神得一以灵，谷得一以盈，侯王得一而以为天下正"。

反之，若人不能效法地，地不能效法天，天不能效法道，道不能效法自然，天地人皆不能得道之用德一，不一则"二"，有"二"即意见不一，不一则必然斗，斗则"天不清、地不宁、神不灵、谷不盈、侯王不贵"，斗则"天裂、地发、神歇、谷竭、侯王之位蹶"，如仅有"一中"为"忠"，若不"一"而变为"二中"则为"患"，故曰"谓天毋已清将恐裂，地毋已宁将恐发，神毋已灵将恐歇，谷毋已盈将恐竭，侯王毋已贵以高将恐蹶"。

此皆是"二"相争相斗使然。若归于一，心"止、静、定、平、和、柔、和谐、不争"，谁和谁斗？天地社会自然和谐。可见入一即是入道，得一即得道。是故得一即是入道功夫。

如何得一？天地得一与否，取决于心，心不得一，必然心神不定、烦躁不安、烦恼重重；心得一，即心无挂碍！心得一，则万物得一；心净，则万物净；心平，则天下平。 随其心一，则天地一。如寂天菩萨言："何须足量革，尽覆此大地？片革垫靴底，即同覆大地。"

心如何一？唯心平气和，一心不乱（二）！

心如何一而不乱（二）？居有观无，观其徼，作梦幻泡影观。

以一治心，则少私寡欲，看得破、放得下。

以一治身，则四大调和、五行流通而身健。

以一治家，彼此不相争、不较真则家睦。

人君若以一治国，则国无不治。而人君欲得一，当甘居柔弱无为，甘居贱而不欲为贵，知其贵而守其贱，守贱即是贵，贱乃是贵之根本，如同低矮之地基乃是高楼的根基，甘以贱之

"孤、寡、不谷"自名而不欲美名，此自称孤、寡、不谷乃是以贱为贵之根本，此乃真"得一"者，故曰"**故必贵而以贱为本，必高矣而以下为基。夫是以侯王自谓孤寡不谷。此其贱之本与，非也？**"

表面上得到九五之尊、陛下、万岁、皇上、天子、官家、圣上等若干美名，实则并非美名而是恶名，故曰"**故致数誉无誉**"。

因此有道之人君皆谦下自牧，宁为贱而不欲为贵，故曰"**是故不欲琭琭若玉，珞珞若石**"。

第三章

（通行本第41章）

上士闻道，勤能行之。

中士闻道，若存若亡。

下士闻道，大笑之，弗笑，不足以为道。

是以建言有之曰：

明道如昧，进道如退，夷道如颣[1]，上德如谷，大白如辱。

广德如不足，建德如偷，质真如渝。

大方无隅，大器免[2]成，大音希声，大象无形，

---

[1] 帛书乙本作"类"，甲本残毁，通行本作"颣"，即丝上的疙瘩（不平）。结合前文"明与昧、进与退"互反，此处亦当与"夷"（即"平"）互反，即不平之意，故而笔者认为当从通行本作"颣"。

[2] 帛书甲本残毁，乙本作"免"，通行本作"晚"，帛书整理小组亦勘校作"晚"，高明教授《帛书老子校注》引楼宇烈云"愚谓经文'大器晚成'疑已误"，笔者认为，前文"大方无隅"之"无"，后文"大

013

道褒无名。

夫唯道，善始且善成。

【义贯】

上士（上等根器）**闻道，勤能行之**；

中士（中等根器）**闻道，若存若亡**（半信半疑）；

下士（下等根器）**闻道，大笑之，弗笑，不足以为道**（第 35 章"吾言甚易知也，甚易行也；而人莫之能知也，而莫之能行也"即指中士和下士）。

是以古之建立言者有之曰：

明道如昧（黑暗，圣人光而不耀，有智而不用），**进道如退**（以退为进，谦卑自守，第 34 章"吾不敢进寸而退尺"），**夷**（平坦）**道如纇**（丝上的疙瘩，比喻崎岖不平，平坦大道看上去都崎岖不平），**上德之人虚怀如谷**（第 72 章"为天下谷"，第 59 章"旷呵其若谷"），**大白**（净）**如垢辱**（大净若垢，大白若黑，第 72 章"知其白，守其黑"，圣人纯素贞白，一尘不染而能纳污含垢，示同庸人）。

内怀广大之德而外如同德行不足（圣人德被群生而不以

音希声"之"希"，"大象无形"之"无"，皆是"无"义，此处若作"晚"，则文意不顺畅，故当从楼老作"免"（无）。

为功）。有刚**建**之**德**却不炫耀，**如**同小**偷**一样潜行密用，不欲人知（第42章"其不欲见贤也"）。**质真**（真即贞，不变）**如渝**（改变，圣人看上去可随缘而变，但实际上内心却坚守高贵品质不变）。方形空间必有角（隅），而**大方**（方形区域、空间）则**无隅**（角落），如虚空。器乃合成而有形，然天下神器即**大器免**（无需）**合成**（第73章"夫天下神器也，非可为者也"，第10章"弗为而成"）。**大音希**（无）**声**（方、器、音皆可道、可名、可形，非大道；大方、大器、大音喻不可道、不可名、不可形之大道）。**大道之象无有形**状，**道褒**（大）**无有名**（名可名，非恒名。总结上文，"无名"包括"如昧、如退、如纇、如谷、如辱、如不足、如偷、如渝、无隅、免成、希声、无形"）。**夫唯**有闻**道**即勤而行之之圣人，方能入无为之道而**善始且善成**（成，终了，即善始善终，第27章"故慎终若始，则无败事矣"）。圣人如此行道（第43章"正言若反"），所以世人皆轻而笑之。

【诠释】

大道之真相往往和常人认知相反，多数世人智慧浅薄，不能看清世界万物真相，以假相为真相，以真相为假相。唯有上等根器之人，闻道便能勤力精进修行；中等根器之人闻道，将信将疑；而下等根器之人闻道，不但不信，反而大为嘲笑，因事出反常，似乎不笑不足以显得其已经掌握了真理。故曰"上士闻道，勤能行之。中士闻道，若存若亡。下士闻道，大笑之，弗笑，不足以为道"。

世间万法亦然，往往表象非真相，真相非表象，如看似苦口难咽，实则是利于病之良药；看似美味，实则是毒药；看似难听逆耳之言，往往是利于行之忠言，看似动听之甜言蜜语，往往藏有伤人利剑。推而广之，看似愚昧无知，实则心明如镜，大智若愚，故曰"明道如昧"。

看似退步，实则是进步，学一分退让，讨一分便宜，如插秧歌云"手把青秧插满田，低头便见水中天。心底清净方为道，退步原来是向前"。故曰"进道如退"。

看似崎岖不平世人不愿走的小道，实则是最平坦最安全的大道，故曰"夷道如颣"。

因此有道有德之人，虚怀若谷，故曰"上德如谷"。

内心清净无染表面却如同凡人能藏污纳垢，故曰"大白如辱"。

而真正有德之人，往往极为谦卑，不自诩为有德，故曰"广德如不足"。

有刚建之德的圣人却很低调，像小偷一样谨慎而不张扬，如为善而畏人知，世人则为善而急人知，故曰"建德如偷"。

内心能坚守大道、坚守原则，立场坚定，但却能随缘入世，随缘度化众生，体虽不变，用能随缘，故曰"质真如渝"。

道体之大，没有方圆上下长短，没有边界，故曰"大方无隅"。

道之为器，如虚空一样，无需有为合成而浑然天成，故曰"大器免成"。

道体所出之音虽大，而世人则听而不可闻，故曰"大音希声"。

道之体大而无形、无状、无名、无分，世人难识、难知、难信、难修，唯有上等根器之圣人，闻道即勤而行之，方能入道。入道，修身治国方能善始善终，故曰"大象无形，道褒无名。夫唯道，善始且善成"。

第四章
（通行本第40章）

反也者，道之动也；

弱也者，道之用也。

天下之物生于有，有生于无。

反①（反即"返、复、归"，第72章"复归于朴"，第69章"远曰反"，第28章"与物反矣"，返归于道即入于虚静无为）归于道之本体**也者**，即返于**道之**至静处，即是**动**之始**也**。柔**弱也者**，乃**道之妙用也**（第43章"天下莫柔弱于水……柔之胜刚，弱之胜强"，第41章"坚强者死之徒也，柔弱者生之徒也"。此"弱"同于第55章"有之以为利，无之以为用"之"无"，

---

① "反"有作"正反、对立面"释，笔者认为不妥，为何？道之体无高下、长短、难易、前后、音声，无载无隳、无行无随、无强无赢，此等对立都要破，为何还要"反"？而道之用乃无为之用，无用之用，亦无需"反"。

亦同于第 52 章"居众人之所恶",第 72 章"守雌、辱、黑",此即是道之善用,无用之大用)。

天下之物皆**生于有**(道体虽虚无却能生万物,即第 45 章"恒无欲也,以观其妙")。然所谓**有**,不过幻有,其皆**生于无**(即第 45 章"恒有欲也,以观其所徼")。

【诠释】

世人出流奔尘,追逐"五色、五音、五味、难得之货""不知足""欲得""甚爱""多藏",背道合尘,离道悬远,故入道之关键,唯在一"返":自有为多言返至无为不言,自有知有欲返至无知无欲,自昭昭察察返至昏昏闷闷,自成人返至婴儿,自不知足返至知足,自不知止返至知止,自为学日益返至为道日损,以归于道之本体。

道体虚无至静,寂然不动,然道须动而起用,所谓动静不二,此乃真入道矣!如《坛经》云:"道须通流,何以却滞?"故守静至笃而入道者,必由静而动,动而为用,故曰"反也者,道之动也"。

道之动而起大用,须"恒无欲也,以观其妙",甘居柔弱无为,知其强而守其柔,守于道。若争强好胜,则离道悬远而失道,失道则道必不能起用,修身、齐家、治国、平天下,莫不如是,故曰"弱也者,道之用也"。

道体虽虚，若观其妙，则可见天下万物，无论有情之众生、无情之国土，皆从有而生，譬如金戒指、金耳环、金项链等金器，皆从金而生；龙从龙生，凤从凤生，鸡从蛋生，蛋从鸡生，不可能凭空而生，此即《楞严经》谓"想澄成国土，知觉乃众生"。即国土和众生（万物）皆从世界（有）而生，故曰"天下之物生于有"。

然所谓世界之有，亦是幻有，若观其徼，则知万物皆因缘所生，缘聚生，缘散灭，无常空幻，无中生有，《楞严经》谓"迷妄有虚空，依空立世界"，即真空生顽虚空，顽虚空生有，一切有皆系无所生，故曰"有生于无"。

此居无观有，居有观无，有无并立，妙徼齐观，岂非入道与守道功夫！

第五章

（通行本第42章）

道生一，一生二，二生三，三生万物。

万物负阴而抱阳，冲气以为和。

天下之所恶，唯孤寡不谷，而王公以自名也。

物或损之而益，益之而损。

古人之所教，亦我而教人。

故强梁者不得其死，我将以为学父。

【义贯】

道（第69章"吾未知其名，字之曰道"）体冲虚，为万物之本，道无能**生一**有（即从0到1，第45章"无名，万物之始也"，第4章"有生于无"），**一生二**（第4章"天下之物生于有"），**二生三，三生万物**，即从1到n，愈生愈多。

万物背**负阴而**怀**抱阳**（阴阳平衡），**冲**（中）**气**（雌雄相交摇动精气之状）**以为**阴阳调**和**（第18章"终日号而不嗄，和之至也"),故万物得以生。

世人好强而不欲柔弱,而修道之人则相反,如**天下世人之所恶,唯孤、寡、不谷,而王公却以为自己之名也**,此皆自损而甘居柔弱调和也。**物或愈损**(舍)**之而得益**愈多,**益**(愈贪多)**之而损**(失)愈多(第42章"天之道,损有余而补不足",第31章"既以为人,己愈有;既以予人矣,己愈多")。

古人之所教柔弱无为之道,**亦我而**以之**教**今世之**人**(第58章"以御今之有")。

但世人却多教人增益知见(第11章"为学者日益"),好为强梁,**故因强梁者**"益之而损"、冲气而不和,**不得其死**(第74章"物壮而老,是谓之不道,不道早已"),他人教人好为强梁,**我**则反其道而行之,**将以教示人日损其欲**(第11章"闻道者日损"),甘为人所恶之孤、寡、不谷,以此**为学人之父**(教条、教言)。

【诠释】

道之体虚无,如0;道之用(即德)有,如1,无中生有,1之有由0之无所生,如《楞严经》谓"依空立世界"("空"即0,"世界"即1),故曰"道生一"。

有1则有2,有2必有3,如此无穷无尽,生生不息。可知天下无尽无穷之物n皆生于德1之有,《楞严经》谓"想澄成国土"（2到n）"知觉乃众生"（2到n），故曰"一生二，二生三，三生万物"。

此"二、三"表示道生万物，愈生愈多，非特指仅止于"三"，如《佛说阿弥陀经》"若一日、若二日、若三日、若四日、若五日、若六日、若七日，一心不乱"，非特指前七天一心不乱而第八天可以乱。

万物若能阴阳平衡，冲虚至柔，调和适中，即为得德之一，一则不二，即返归于无为之道，故曰"万物负阴而抱阳，冲气以为和"。

"和"即是平衡，阴阳平衡、心态平衡、生态平衡、冷暖平衡、男女平衡、收支平衡、供求平衡……平衡即是得"一"，得道。真正的平衡是没有两边需要去刻意平衡，即入于中道之大道。因此"和"即是大道，求"和"即是入道功夫！

冲虚调和至柔至弱，似乎无用，人之所恶而不欲取，殊不知无用之用乃为大用，有之以为利，无之以为用。如世人之所厌恶的名称，不外孤、寡、不谷，而王公却刚好相反，人弃我取，以之为自己的称谓，此皆自损而甘居柔弱调和，故曰"天下之所恶，唯孤寡不谷，而王公以自名也"。

越舍越得，舍弃越多则得到越多；贪得越多，则终必失去越多。物有自损则天必补之，有自益而天必损之，王公深谙此道矣！故曰"物或损之而益，益之而损"。

古之圣人教人守柔弱无为之道，亦合乎我所证悟之大道，故而我亦以之教导世人，要其谦恭自处，勿逞强好胜，如此方能返归无为之道，故曰"古人之所教，亦我而教人"。

但世人却和我所教导相反，喜增益知见，好为强梁，不知柔弱胜刚强，坚强者死之徒，故曰"故强梁者不得其死"。

因此我当以柔弱无为、日损其欲、少私寡欲作为修道之人的教言，使学人不欲为强而生，故曰"我将以为学父"。

第六章

（通行本第43章）

【经文】

天下之至柔，驰骋于天下之至坚。

无有入于无间。

吾是以知无为之有益也。

不言之教，无为之益，天下希能及之矣。

【义贯】

天下之至柔，足以**驰骋**（战胜，攻击贯穿）**于天下之至坚**强、坚硬（第43章"天下莫柔弱于水，而攻坚强者莫之能胜也"，"柔之胜刚，弱之胜强"）。

若以**无有入于**（"无入于有"，即以无形之物涉入有形之物），则细无不入而**无有间**隔阻挡。**吾是以知**至柔之清静**无为之有利益**（大用）**也**。

圣人**不言**（道本无言）**之教**（"教"即道，下文"无为之益"之无为），柔弱虚静**无为**（即"不言之教"）**之利益**（即"天下之至柔，驰骋于天下之至坚"），**天下希能及**（能知、能行）**之矣**（第35章"吾言甚易知也，甚易行也；而人莫之能知也，而莫之能行也"）。

【诠释】

滴水穿石，绳锯木断，台风吹过，小草安然无恙，而大树却被连根拔起或被拦腰折断。至坚之刀不能割断至柔之水，至坚之风不能吹灭至柔之光，故曰"天下之至柔，驰骋于天下之至坚"。

若以有入于有，二者相触必然有间距、有空间、有障碍；若以无形涉入有形，如以空入于有、以水渗于地，则无孔不入。虚空能遍入一切有形之物，水能穿山透地，无坚不摧、无孔不入，此皆其至柔虚无之大用。若以虚无之心入于有之尘世，则能和光同尘，涵容一切，无论有之外境如何变化，内心皆无烦恼，自在无碍而若不系之舟，此即以无我战胜有我之欲望，故曰"无有入于无间，吾是以知无为之有益也"。

清静无为不可言说之道，其大用如此之多，惜乎天下很少有人闻道能勤而行之，故曰"不言之教，无为之益，天下希能及之矣"。

第七章

（通行本第44章）

【经文】

名与身孰亲？

身与货孰多？

得与亡孰病？

甚爱必大费，多藏必厚亡。

故知足不辱，知止不殆，可以长久。

【义贯】

名誉与身体（生命），**孰亲**（重要）？

身体（生命）**与货**（财），**孰多**（重要）？

得名利**与身亡**（失去，贪财色名利而耗精神、费体魄，乃至为之而丧命），**孰病**（傻、愚痴）？

甚（过分）贪爱财色名食**必**付出**大**的耗**费**（费用、成本、代价），过**多**的收**藏**（敛财，即第53章"揣而群之"）**必**招致**厚**（巨大）**亡**（损失）。

故**知足**的人不会自取其**辱**（第9章"祸莫大于不知足"），懂得**知止**的人不会遇到**殆**（危险，第76章"名亦既有，夫亦将知止，知止所以不殆"，第53章"持而盈之，不若其已"）。以清静无为之道修身，则身安而寿长，以之治国，则国**可以长**治**久**安（第22章"是谓深根固柢，长生久视之道也"）。

【诠释】

健康身体是1，而名利皆是0，前面没有1，后面拥有再多的0都等于0，健康之身与名利到底孰轻孰重，显而易见，故曰"名与身孰亲？身与货孰多？"

笼鸡有食汤锅近，野鹤无粮天地宽。人为财死，鸟为食亡，财、食得而身亡，到底谁傻？故曰"得与亡孰病？"

"麝因香重（多藏）身先死，蚕为丝多（多藏）命早亡"，世人愚痴，贪着名利，殊不知其越贪、所得越多，其代价就越大，成本就越高：或伤身致疾，或招牢狱之灾，或生死名灭，而其所得亦空，只看眼前不看长远，只算小账不算大账，故曰"甚爱必大费，多藏必厚亡"。

安莫安于知足，危莫危于多欲。以清静无为之道修身，则善于知足、知止，"到处随缘延岁月，终身安分度时光"，如此必身安而寿长；以道治国，则国基稳固，可以长治久安，故曰"故知足不辱，知止不殆，可以长久"。

第八章

（通行本第45章）

【经文】

大成若缺，其用不敝。

大盈若盅，其用不穷。

大直如诎，大巧如拙，大赢如肭。

躁胜寒，静胜热，清静可以为天下正。

【义贯】

大成就（圆满）若有所欠缺（不完美），其用不敝（敝即敝缺，不敝即不缺、不会穷尽）。

大盈（满）若盅（容器空无），其用不可穷尽。

大直（伸）如诎（弯曲），大灵巧如笨拙，大赢（赚）如肭（亏损）。

躁（动）可胜寒（冷）而不能胜热（越动越热），静可胜热而不能胜寒，唯有清静无为，方可无往而不胜，方可以为治理天下之正道（第20章"以正治邦"）。

【诠释】

"世事由来多缺陷，幻躯焉得免无常"，苏轼诗云："人有悲欢离合，月有阴晴圆缺。"天道忌满，人道忌全，物忌全胜，事忌全美，因此真正的完美看起来都有缺陷，都不完美，都有不足，如陈景润的语文、朱自清的数学，都是缺陷，都不完美，但却成就了完美的大数学家、大文豪。亦如房间需以空间之无、之缺方能有用，此即大道以虚无之为用（第55章"有之以为利，无之以为用"），故曰"大成若缺，其用不敝"。

同样，真正的盈满看上去空无所有，实质上拥有无穷，看上去什么都没有，实质上什么都有，因为没有什么能束缚你，你反而拥有一切。反之，表面上拥有财色名利，实质上是被拥有、被财色名利绑架了而不得自在，故曰"大盈若盅，其用不穷"。

小盈若实，不但其用有尽，而且危险如影随形。

真正正直的人可随弯就曲，随缘而变，懂得变通，善于妥协，勇于担责，不是"一根筋"、认死理！故曰"大直如诎"。

真正善巧的人会藏巧于拙，用晦而明，寓清于浊，以屈为伸，大智若愚，藏锋露拙，虽看破而不说破，故曰"大巧如拙"。

"吃些亏处原无碍，退让三分也不妨"，善于赚钱的人，往往愿意吃亏，做亏本生意，表面看短期亏钱，实则最终会赚大钱，唯一般人看不明，故曰"大赢如朒"。

动可制伏寒而不能制伏热，静可制伏热而不能胜寒，此二者皆是有所胜、有所不胜，皆是有为、有争、对抗，皆是"二"而不"一"，即六祖慧能大师谓"邪来烦恼至，正来烦恼除"，其用有限。唯有"非成非缺、非盈非盅、非直非诎、非巧非拙、非善非恶，非动非静、非寒非热"，两边不住，方是清静无为，方是得一，方是入道，方是治理天下之正道，即《坛经》谓"邪正俱不用，清净至无余"。故曰"躁胜寒，静胜热，清静可以为天下正"。

第九章

(通行本第46章)

天下有道，却走马以粪。

天下无道，戎马生于郊。

罪莫大于可欲，

祸莫大于不知足，

咎莫憯于欲得。

故知足之足，恒足矣。

【义贯】

天下人君**有道**，清净无欲，无为而化，兵革不兴，弃**却走马**予农夫**以**运**粪**耕种（第80章"有甲兵无所陈之"）。

天下人君无道，嗜欲无厌，互相杀伐，则**戎马**悉被征用到战场，马驹**生于**战地之**郊**外而不生于家。

故天下之**罪莫大于可欲**（多欲），**祸莫大于不知足，咎**（罪过）**莫憯**（痛）**于欲得**（"可欲、不知足、欲得"意义相同，谓人君贪欲炽盛，兴师动众，争强好战，杀人遍野）。

贪欲不止，终无足时，**故唯有知足之足**，方谓恒（常）**充足矣。**

君王以无为之道治国，清净无欲，无为而治，不以兵强天下，不尚武，不欲为强梁，虽有强兵利器而不用，马放南山，刀枪入库，铸剑为犁，"兵转民用"，以致战马无用武之地，"军马"转而为"民马"，退而到田间为农夫运粪耕种，民安其居、乐其俗。故曰"天下有道，却走马以粪"。

反之，若世道衰微，天下人君失道，嗜欲无厌，互相杀伐，逞强好胜，则天下之民马悉被征用，连怀胎的母马也要送上战场，以致小马驹降生于征战之郊野，故曰"天下无道，戎马生于郊"。

究其失道之根源，乃是由于人君贪心不止，欲望太过。饮食起居、衣食住行，人之所需，过之（第56章"为腹不为目"）则为欲，欲则必争。《八大人觉经》云："多欲为苦，生死疲劳，从贪欲起，少欲无为，身心自在。"招罪、招祸之大者，莫过于欲望，贪如火，不遏则燎原！欲如水，不遏则滔天！欲望无穷，而可以满足欲望之名利则有尽，贪欲不止，终无足时，直至身死名灭，或王位倾覆。如同吹气球，至爆方休！唯有懂得知足，方是真足，故曰"罪莫大于可欲，祸莫大于不知足，咎莫憯于欲得。故知足之足，恒足矣"。

然此知足，并非空无所有，执着于空，不付出不担责，此非"知足"。欲"一无所有"，消极懒惰，同样是"罪、祸、咎"，同样很危险。因此所谓知足，是有而知止，知能满足衣食住行之基本生理需求即足够，既善于事上拿起，亦善于心上放下，行于中道。

第十章

（通行本第47章）

不出于户，以知天下。

不窥于牖，以知天道。

其出也弥远，其知弥少。

是以圣人不行而知，不见而明，弗为而成。

若六识**不出于**眼耳鼻舌身意六道门**户**而攀缘色声香味触法外六尘，则眼不盲、耳不聋、口不爽、心不发狂、行不被妨，六门无有尘垢、清净无染而可**以知**晓**天下**之真相。同样，**不窥于牖**（窗户），就可**以知天**之道。

若贪着财色而向外驰求，则**其出也弥**（愈）**远**（贪欲越重），尘垢弥厚，**其所知**也**弥**（愈）**少**。

是以圣人淡然无欲，不被物累，寂然不动，能感通天地，故虽**不行**（不出户）**而**能**知天下**事，**不见**（不窥牖）**而明**（见）

天道，**弗**有**为而**能（大）**成**就功业。（"不行、不见、弗为"皆指清静无为）

【诠释】

"五色使人之目盲，驰骋田猎使人心发狂，难得之货使人之行妨，五味使人之口爽，五音使人之耳聋。"六根与六尘相对，则生六识，六识如同通电之大功率吸尘器，从眼耳鼻舌身意六道门夺门而出，竞逐声色货利，则必然会吸纳大量尘垢，蒙蔽本来清净的六根之门，致使眼盲不能见、耳聋不能听、口爽不能偿、心狂不能知、行妨而不正，从而不能知晓世界之真相。反之，若自性内照，少私寡欲，则六门无有尘垢，心水如明镜清净无染，则可以知晓天下之真相，故曰"不出于户，以知天下。不窥于牖，以知天道"。

不出户、不窥牖即是持戒，因戒生定，因定生慧，有了慧眼自然能看破天下之真相，能入无为之道！故不出户、不窥牖亦是入道功夫。

若终日向外驰求而非内求，不知管控贪欲，贪欲越重，其六根尘垢越重，尘厚而心益暗，无明愈甚，则离道愈远，为何？方向反了！故曰"其出也弥远，其知弥少"。

修道之人，能严持禁戒，寂然不动，定慧不二，如《楞严经》曰"汝但不循动静、合离、恬变、通塞、生灭、明暗，如是十二诸有为相，随拔一根，脱黏内伏，伏归元真，发本明耀"。自心本有之明被开发显耀，则无目能视、无耳能听、无鼻能闻……因内心清净，则不欲见而能见，不欲知而能知，不欲成而能成，故曰"是以圣人不行而知，不见而明，弗为而成"。

第十一章
（通行本第48章）

为学者日益，闻道者日损。

损之又损，以至于无为。

无为而无不为^①。

---

① 帛书甲乙本均残缺，通行本作"无不为"，楚简本作"亡（无）为而亡
（无）不为"，而高明《帛书老子校注》则认为此处应为"无以为"而
非"无不为"，具体参见该书上册78—79页，下册592—596页。笔者认
为高明教授曲解"无不为"，以为无不为就是无为的对立面，故而非老
子所主张。其实老子的无为是不执着，既不执着有，亦不执着空；既不
执着有为，亦不执着无为，既要居有观无，亦要居无观有，行于不虚妄
分别之中道，一而不二，此即"无不为"，乃是不断灭，不消极避世，
积极入世教化众生，善于拿起、勇于担当之意。如第43章云"天下莫柔
弱于水，而攻坚强者莫之能胜也，以其无以易之也。柔之胜刚，弱之胜
强"，水之攻坚克强即是以柔弱无为之心而行有为之实，即是"无不
为"。第67章"夫唯不争，故莫能与之争"，不争即柔弱无为，莫能与
之争即无所不为。下文"取天下"亦然，亦是道之起妙用，亦是"无所
不为"。
若作"无以为"，即是连无为亦不为，即涤荡无为法之法执，与第81章
"镇之以无名之朴，夫将不欲"同，但第81章系道经结尾，在之前以无

取天下也，恒无事；

及其有事也，不足以取天下。

【义贯】

为（钻研）学问（世间巧智）**者日益**（增长知见），**闻道**而修道**者日消损**欲念，欲望**损之又损，以至于**清静**无为**之境（复归于朴，无知无欲，一尘不染一丝不挂）。

柔弱**无为**、不争**而又无**所**不为**（居无观有，观其妙，道之起妙用，第4章"反也者，道之动也；弱也者，道之用也"）。

故欲取（治理）**天下也**，亦当如闻道，日损而非日益，损之又损而至**恒常无事**（"无事"即如闻道者之"损之又损，以至于无为"，第20章"以无事取天下"），方能取天下。

及其有事（"有事"即有欲有为，如为学者之日益，第20章"天下多忌讳、民多利器、人多知巧、法物滋彰"）**也，不足以取天下**（第73章"将欲取天下而为之，吾见其弗得已。夫天下神器也，非可为者也"）。

为破有为之后，最后再破无为法之法执，即连"无为亦不为"，一丝不挂，一气呵成。而本章则完全不同，并无进一步破无为法法执之意，故而笔者从楚简本作"无不为"。

【诠释】

修道与修学，同样是修，但方法迥异，结果亦大相径庭。

修学乃是做加法，如冬日穿衣，愈穿愈多，其贵在于增长知识，增加世间聪明才智，所谓才高八斗、学富五车，但越学则越思，越思则越欲，智巧增而欲望长，所学知识往往成为心灵之负累，学得越多，烦恼越重，故曰"为学者日益"。

修道则是做减法，如春夏日脱衣，愈减愈少，其贵在减损妄念，降低欲望，增长智慧，智慧长，则烦恼轻，焦虑少。越修则越无思，无思则无欲，无欲则内心轻松自在。如同剥芭蕉树，越剥越少。如《楞严经》云："如澄浊水，贮于净器，静深不动，沙土自沉，清水现前，名为初伏客尘烦恼。"此系修学与修道二者之别，故曰"闻道者日损"。

修道之方，在于减损欲望。其最终目的，则在将欲望涤荡殆尽，如此便可达清静无为之境，入于清静无为之道，故曰"损之又损，以至于无为"。

圣人悟清静无为之道而积极入世，随众生根器而教化，因其无执、无争，故而齐家、治国、平天下皆无所不为，无所畏惧，如第22章"无不克则莫知其极"，故曰"无为而无不为"。

因此人君欲治理天下，亦当如修道，做减法而非做加法，日损知见而至无为，无为则无事，无事则无欲，无欲则民自正，民自正则得天下民心，得天下民心，则治国必易，故曰"取天下也，恒无事"。

反之，若施行有为，如为学者之日益，日益则欲望日盛，欲盛则民扰，民扰则人心失，人心失则众叛亲离，故曰"及其有事也，不足以取天下"。

第十二章
（通行本第49章）

【经文】

圣人恒无心，以百姓之心为心。

善者善之，不善者亦善之，德善也。

信者信之，不信者亦信之，德信也。

圣人之在天下，歙歙①焉，为天下浑心。

百姓皆属耳目焉，圣人皆孩之。

【义贯】

圣人恒无欲求、有为**之心**（无心即无欲，第45章"恒无欲也，以观其妙"），唯**以化百姓**有知有欲**之心**为无知无欲以**为**自己**心**之所欲（圣人无欲无求，其唯一所追求的，就是以无为之道化民，常使民无知无欲，第47章"恒使民无知无欲也"）。

对于百姓之**善者**，我固然以善心待**之**，及其**不善者**，我

---

① 帛书甲本作"愉"，乙本作"欿欿"，高明《帛书老子校注》勘校从通行本作"歙歙"。

亦以**善心**待之（第 25 章"人之不善也，何弃之有"），以**德**而使之归于**善也**（此乃真善）。

诚信者我以诚信待之，及其**不诚信者**，我**亦**以诚信待之，以**德**而使之归于诚**信也**。

圣人之在天下，以善度人，以信化人，"以百姓之心为心"，**歙歙**（收敛，韬光养晦，行事低调朴实而不张扬）**焉**，**为天下**百姓**浑心**（即"浑心以为天下百姓"，浑心即浑沌之心，昏昏闷闷之心，第 64 章"我愚人之心也，沌沌呵。俗人昭昭，我独若昏呵；俗人察察，我独闷闷呵"，第 28 章"古之为道者，非以明民也，将以愚之也"）。

百姓视圣人，**皆属**（注）**耳目焉**（耳听圣人之言，目观圣人之行），**圣人**之视百姓，则**皆**如同**婴孩**一样淳朴视之（天下之百姓）。

【诠释】

《八大人觉经》云："菩萨布施，等念怨亲，不念旧恶，不憎恶人。"圣人亦然，无我无人，无有私欲，唯以无为之道度化民众，使民归于清静无为。

圣人持道教化百姓，视百姓如刍狗，不知善之为善、恶之为恶，一视同仁，一同随其根器而教化，内心没有善恶之虚妄分别，故曰"圣人恒无心，以百姓之心为心。善者善之，不善者亦善之"。

彼必将因我之德所感化，而化不善为善，故曰"德善也"。

同样，对于信我者、不信我者，圣人亦无分别，皆以诚信之心予以教化，故曰"信者信之，不信者亦信之"。

彼必将因我之德所感化，而化不诚信为诚信，故曰"德信也"。

百姓好用巧智，无论善与不善，信与不信，圣人皆以无为之道（愚）化之，则下亦必转恶为善，转诈为信，故圣人内心清净，无知无欲，以大善度化人，天下百姓亦受教化而清心寡欲，故曰"圣人之在天下，歙歙焉，为天下浑心"。

外境不过是内心的投射，心中有佛，看谁都是佛，内心调柔，看谁都柔。圣人柔弱无为，在其眼中，百姓皆如婴儿柔弱，岂有善与不善、信与不信之别，如此则百姓无有过错可以责怪，天下亦无不可教之人。百姓得无为之道教化，亦甘居柔弱，故百姓视圣人亦如婴儿般至柔，圣人视百姓若婴儿般淳朴，此即上下同归于善，同归于清静无为。故曰"百姓皆属耳目焉，圣人皆孩之"。

第十三章

（通行本第50章）

出生入死。

生之徒十有三，死之徒十有三。

而民生生，动皆之死地之十有三。

夫何故也？以其生生也。

盖闻善摄生者，陵行不避兕虎，入军不被甲兵。

兕无所投其角，虎无所措其爪，兵无所容其刃，

夫何故也？以其无死地焉。

出于养生却最终入于死地。

所谓重视养生之徒（类），其占比十之有三。

第二类是所谓不重视养身之死之徒（类），其占比十之

有三。

而第三类**民**（人）则是**生**（过分奉养，贪着）**生**命，反而**动皆之死地之**（徒），其占比亦十之**有三**。

此三类人，皆因"生"而最终入于"死"（出生入死），**夫何故也？以其生**（贪着、厚养）**生命也**而不善养生。

盖闻真正**善于摄**（奉养）**生之圣者**（意味着前述三类"十有三"即十分之九皆系不善养生者），无生可养，**故陵**（陆地上）**行走不会避**（遇到）**兕**（状如犀牛而非犀牛）、**虎**等猛兽出没，**入军**（参军打仗）**不会被**（遇到）敌方**甲兵**（军队），即便遇到，也不会受到伤害，**故兕无所**（不会）**投其角**来伤害他，**虎无所**（不会）**措**（张开）**其爪**来攻击他，**士兵无所**（不会）**容**（用）**其刃**来攻击他（第18章"含德之厚者，比于赤子，蜂虿虺蛇弗螫，攫鸟猛兽弗搏"）。

夫何故也？以（因为）**其**（圣者）**无死地**（死穴，无死地即生）**焉**（第57章"及吾无身，有何患"）。

【诠释】

死出于生，欲生反死，越贪生则越易死，故曰"出生入死"。

普通人的养生之法，以为有生可养，皆养身（五蕴色身，形骸而已）而不养（德）性，执着五蕴色身，贪财好色，从其贪着程度来说，不过如下三种类型：

第一类是世人眼中所谓善于养生之人，这类人其占比大约十分之三。这类人重视色身保养，如"起得早、睡得早、饭不吃太饱"，从而病少寿长，故曰"生之徒十有三"。

第二类人为求长生而费精劳形、服食药饵，"为目而不为腹"，贪着五色、五音、五味、难得之货，终日驰骋田猎，贪图享受，这类人其占比也大约占十分之三，故曰"死之徒十有三"。

而第三类人表面看极为重视养生，但贪执过度，实质是找死、作死、自寻死路、自蹈死地，这类人占比亦有十分之三。此等人嗜欲戕生，贪嗔造业，不惧"天网恢恢，疏而不失"，故曰"而民生生，动皆之死地之十有三"。

此三类人，共十分之九（指的占大多数，非指精确数字），皆因不懂真正养生之道，贪"生"而最终入于"死"（出生入死），都不是真正善于养生之人，故曰"夫何故也？以其生生也"。

真正善于养生之人是什么样的呢？真正善养生之圣人，其养生之道异于前述三者，无生可养，养性而不养（执）身，无为无欲，不犯众物，静修体魄，如同已证悟空性，业力信号已寻他不得，或者业力已消，业债已还，因此即使老虎犀牛等猛兽强敌皆不能加害他。此等善养生之圣人极其稀有，不过占十分之一（非指准确数，而是指的数量占比很少之意），故曰"盖闻善摄生者，陵行不避兕虎，入军不被甲兵，兕无所投其角，虎无所措其爪，兵无所容其刃"。

　　猛兽强敌为何不伤害他们呢？因为他们了知四大和合之身如幻而不可得，故虽养身而实则无身可养。身之生相若无，岂有死相？生本无生，死亦不死，不执着生，不贪嗔造业而养生，故亦无死穴，故曰"夫何故也？以其无死地焉"。

　　世间之事，各有其因，各有其缘，世上岂有无缘无故之事！猛兽强敌会不会无缘无故伤人？财色名利，皆是老虎。鼎镬可及宠利之流，必不可加飘然远引之士。你贪财，就一定会感召金融骗子这样的老虎张开爪子来咬你；你贪色，就一定会被色诱；你贪权，就会感召各种政治掮客……你若贪着声色货利，处处执着，则处处是老虎猛兽，处处是"死地"！你若无私无欲，放得下、提得起，提放自如，有无并立，妙徼齐观！哪里会有"死穴"呢？

第十四章

（通行本第51章）

【经文】

道生之而德畜之，物形之而器成之。

是以万物尊道而贵德。

道之尊，德之贵也，夫莫之爵，而恒自然也。

道生之、畜之、长之、育之、亭之、毒之、养之、覆之。

生而弗有也，为而弗恃也，长而弗宰也，此之谓玄德。

【义贯】

道之体能生之（万物），而德（道之用）则畜积之（万物），万物则显现为百千形状之，而有形之物则可制作为器（第72章"朴散则为器"，器则必有其功用，故器表道之随缘起"用"）以成就其道之用。

是以万物皆由道德所生，故莫不**尊道而贵德**。

道之尊，德之贵也，夫莫（非）**予之**封官进**爵**所显尊贵可比；**而**道德之尊贵则永恒不失，乃属于**自然**（天然、恒常）之尊贵**也**。

道之于万物，非但**生**之而已，尚且要**畜养**之、生**长**之、含**育**之、**亭**（定，均停、调和）**之、毒**（安）**之**（亭之毒之亦即成之熟之）、**爱养**之、**覆**（保护）**之**而保全其性命，成始成终。

生育万物而弗（不以为）**有功也，为**（恩泽万物）**而弗恃**（不求回报）**也**，抚养成**长**万物**而弗**（不）主宰万物**也，此之谓**道博大幽深、**玄妙之德**①。

【诠释】

道之体如虚空（如清净法身），道之相用"德"则如日月（如智慧、光明之圆满报身），能畜养万物，万物则随缘显现为百千形状（如千百亿化身），有相状之物则可制作为各种器具而起妙用，此即道之体、相、用，天下万物皆不离道离德，故曰"道生之而德畜之，物形之而器成之。是以万物尊道而

---

① 第54章"生之畜之，生而弗有，长而弗宰也，是谓玄德"与此处雷同，按蒋锡昌《老子校诂》，二者区别在于第54章指圣人而言，本章则就道而言，文句相同而其对象不同。

贵德"。

道德之尊贵，如同金银玉石之贵，乃天然而贵，非借外缘而使之贵，非封官进爵之贵可以比拟，此等贵既可以封之而得，亦可以随时夺之而失，可得、亦可失，属无常之尊贵而已；而道德之尊贵则是恒常不失之贵，故曰"道之尊，德之贵也，夫莫之爵，而恒自然也"。

道之于万物，如同父母之于子女，生养抚育爱护子女而不求回报，乃天地间最博大、最无私之爱，故曰"道生之、畜之、长之、育之、亭之、毒之、养之、覆之。生而弗有也，为而弗恃也，长而弗宰也，此之谓玄德"。

第十五章

（通行本第52章）

天下有始，以为天下母。

既得其母，以知其子。

既知其子，复守其母。

没身不殆。

塞其兑，闭其门，终身不勤。

启其兑，济其事，终身不救。

见小曰明，守柔曰强。

用其光，复归其明，毋遗身殃，是谓袭常。

【义贯】

天下有始（道，第45章"无名，万物之始也"），**以为天下万物之母**（第45章"有名，万物之母也"，第69章"有物混成，先天地生，寂呵寥呵，独立而不改，可以为天地母"）。

052

既得知其道母，亦以（应）**知其**所生之子（万物）；**既得知其子**（万物），亦应知其乃道所生而**复守其道母**，子母不离，故**没身不殆**（没有危险）。

若论守母（道）之方，则须堵**塞其兑**（穴，嘴巴）而不执着言说，关**闭其**眼耳等六**门则终身不勤**（病、烦恼，六根不贪着五欲六尘，则烦恼不生）。反之，若开**启其兑**（徒执着言说），开其门，任六根追逐六尘，以**济**（满足）**其事**（贪欲），则必失守道之母而**终身不可救**矣。

若能居有观徼，洞**见**（观照）万物微**小**（"小"即"微"，第58章"视之而弗见，名之曰微"）而不可见、不可闻、不可得，见诸相非相，就可以**曰**（称为）**明**智之慧。而能**守柔**弱之道体（即"复守其母"）则**曰真强**大（第6章"天下之至柔，驰骋于天下之至坚"）。

用其智慧之**光**（子，即道之用），**复归其明**（明即母，即道之体，复归其明即"复守其母"，守道，或会相归道、会器归朴），**毋**（不会）**遗**（招致，第53章"富贵而骄，自遗咎也"）**身殃**（危害），**是谓**承**袭**（守）**真常**（其母）之道（即"既知其子，复守其母"）。

【诠释】

道为母、为体，物为子、为用，有母才有子，故曰"天下有始，以为天下母"。

既知晓道之体，亦应知晓道可以随缘起用，此所谓有体有用，否则但知晓道体之虚无，而不知万物皆从道生。如同有母则必有子，母子相随不可分割，若知母而不知子，则是居无而不观有，观徼而不观妙（有），落于断灭。

同样，迷于外物，追逐执着道所生之万物而不知返璞归道，被声色货利所粘住，著相而昧道，居有而不观无、不观其徼，则是知子而不知母，不知回家。唯有用不离体，体用两全，动静不二，妙徼齐观，方可进出不二，虽出而起用，心却不忘本、不忘家，不失道，故曰"既得其母，以知其子；既知其子，复守其母，没身不殆"。

道本无言，若执着于言说，则去道悬远。唯有缄默以自守，方不失道，故曰"塞其兑"。

其次，须居有观无、观徼而无知无欲。眼不逐五色，耳不奔五音，口不贪五味，不奔声色货利而是返闻合道，则离道愈近；反之，则离道愈远。若眼耳之门不逐色声而贪染，清静无为，少私寡欲，则烦恼不生，此即是守道之方，故曰"闭其门，终身不勤"。

反之，若开启六根之门，任其流逸奔声色货利，迷于嗔恚，贪于财色，令目盲、耳聋、口爽、心发狂、行妨，离道悬远，则必失守道之母而终身不可救，故曰"启其兑，济其事，终身不救"。

所谓观其徼，则须于大中见其小，观凡所有相，皆有边界，皆有徼，无论多大，本质都"小"，小而不可得不可执。世俗之人见到的是"大"、是实有而贪，修道之人悟见的是"小"、是徼、是虚幻而不执着，此可谓明智之慧，谓入道！故曰"见小曰明"。

道之用，贵在柔弱无为之大用，故曰"守柔曰强"。

道之用如光、如子；道之体如明、如母，用不离体，故用愈光，而体愈明，此体用不二，体相圆融，即是守真常大道之妙方，故曰"用其光，复归其明，毋遗身殃，是谓袭常"。

第十六章

【经文】

使我挈有知，行于大道，唯迤是畏。

大道甚夷，民甚好径。

朝甚除，田甚芜，仓甚虚。

服文采，带利剑，猒饮①食，资财有余。

是谓盗竽，非道也哉！

【义贯】

假**使我挈**（掌握）了**有**道之**知**（悟道），**行于**无为之**大道**，**唯迤**（迤，逶迤弯曲之邪道，即下文"民好径"之"径"，大道之外的小道、歧路）**是畏**②（倒装句，作"唯畏是迤"，

---

① 帛书甲本残缺，乙本作"猒食"，高明《帛书老子校注》勘校作"猒饮食"。

② 因憨山大师所依之版本将"迤"作"施"，故憨山大师解之为"欲行此大道于天下，奈何天下人心奸险可畏，而将施之于谁耶。故曰唯施是畏。且有施而无受者，非徒无益而又害之。所谓生乎今之世，反古之

即我行于平坦之大道而唯独畏惧行走弯曲之险道、邪道）。

大道甚夷（平坦），但**民**（结合下文"盗竽"，此处"民"当指的世俗之人君）反而**甚好**邪径（径，即前文所说"迤"，邪道），其结果是：人君终日不理朝政，上**朝**之事**甚**（几近）**除**①（废弛）；良**田甚**（大部分）**荒芜**；**仓**库**甚**为空虚。

人君喜好**服**（穿着）**文采**（华丽衣服），尚武而好**带利剑**，**猒**（饱、足，同"餍"）肥美之味而**饮**（享受）甘甜之**食**（饫甘餍肥），好贪财敛财而致己之**资财有余**。

道，灾及其身者，故可畏"。即"施"为传道之"法布施"，"唯施是畏"即畏惧法施之艰险。

笔者觉得此解似欠妥，因全经乃老子在宣说所悟见之大道以及入道之功夫、守道之方法，老子已知其道"人莫之能知也，而莫之能行也""知我者希，则我贵矣"（第35章），当善于随缘传道，"善者善之，不善者亦善之"（第12章）"人之不善也，何弃之有"（第25章），故不会畏惧传道之艰险。

① 憨山大师解"朝甚除"为"教化衰，则奸愈甚。奸愈甚，则法益严"。成玄英《老子义疏》释为"失道之君好行邪径，不崇朴素，唯尚华侈，既而除去故宇，更起新宫，雕楹刻桷，穷乎绮丽"。陆希声《道德真经传》释为"观朝阙甚修除，强宇甚雕峻，则知其君好土木之功，多嬉游之娱矣。"从上下文分析，后文"服文采，带利剑，猒饮食而资财有余"与前文"朝甚除，田甚芜，仓甚虚"存在明显因果对应关系：带利剑是因，田甚芜是果；猒饮食而资财有余是因，仓甚虚是果；则知服文采是因，而朝甚除为果，即上崇尚浮华享受而无心朝政之事，致使朝政废弛，此即"朝甚除"之意。成、陆之说亦通，但略显勉强。

这样的人君才**是谓**真正的强**盗**之竽（五音之首，竽唱则其他音皆跟随，盗竽即强盗头目、大盗），此盗行实**非道也哉**。

【诠释】

有道之圣人，清心寡欲，行于大道，守道无为而唯恐失道堕入崎岖不平之小道（有为之邪道），故曰"使我挈有知，行于大道，唯迤是畏"。

无为之大道其实很平坦而宽敞，但人君却反而弃正道而好走有为之邪径，为何？因为邪道、小道上有五色五音五味……故曰"大道甚夷，民甚好径"。

人君本当躬行节俭，清净无欲，从而以正国民之心，奈何却不知止、不知足，喜好穿着华丽衣服，崇尚浮华，好淫巧好享受，荒淫无度，终日不理朝政，如唐玄宗"春宵苦短日高起，从此君王不早朝"，致使朝政之事废弛，故曰"服文采""朝甚除"。

人君喜带利剑，好武勇勤征伐，百姓则多被征服兵役，无人种地，故曰"带利剑""田甚芜"。

人君极尽口腹之欲，饫甘餍肥，敛天下之财为己所有，己之资财富足有余，而天下百姓之仓库却极为空虚，食不果腹，"朱门酒肉臭，路有冻死骨"，故曰"猒饮食，资财有余""仓甚虚"。

人君"服文采"是因,"朝甚除"是果;"带利剑"是因,"田甚芜"是果;"猒饮食,资财有余"是因,"仓甚虚"是果。然此"服文采,带利剑,猒饮食,资财有余",皆因人君好有为之邪道、小道所致。

老百姓为(小)盗,实则是因其上好(大)盗,上行下效,上有好之,下必甚焉,上有欲犹可以盗取天下之物供一人之所欲,下民皆有欲,则物不能满足,如此必然行盗。上窃国,下窃钩,"服文采,带利剑,猒饮食,资财有余"之为上者,才是真正的大盗!此实非无为之大道而乃邪道,故曰"是谓盗竽,非道也哉!"

第十七章

【经文】

善建者不拔，善抱者不脱，子孙以祭祀不绝。

修之身，其德乃真。

修之家，其德有余。

修之乡，其德乃长。

修之邦，其德乃丰。

修之天下，其德乃博。

以身观身，以家观家，以乡观乡，以邦观邦，以天下观天下。

吾何以知天下之然哉？以此。

【义贯】

所谓**善**（"善"即清静无为，不执不住）**建**功业**者**，其所建之功业**不**易被他人**拔**（动摇），**善抱**（"抱"即守，善抱者，即以"无为之道"守之。第54章"载营魄抱一，能毋离乎"，第63章"见素抱朴，少私而寡欲"）守功业**者**，其功业**不易脱**失（丧失，被夺走），故**子孙以祭祀**之而绵远**不绝**也。

以道**修**之于己**身**，**其**（身）之**德**行**乃**至**真**至精（质朴，清静无为，无知无欲，与道相应）。

以道来**修**（齐，治）**己之**家族（或封地），**其**（家人）之**德**行能量就富足而资财富饶**有余**。

以道来**修**（管理）族人聚居之乡邑，**其**（乡人）之**德**行**乃长**久不息（久远，泽被子孙）。

以道来**修**（治理）**之邦**（国家），**其**（国人）之**德**行能量**乃**极为**丰沛**。

以道来**修**（平定）**之天下**，**其**（天下人）之**德**行**乃**极为**博大**，天下太平。

再**以己之修道之身**对比**观察**不修道之**身**，**以修道之家观**察不修道之**家**，**以修道之乡**对比**观**察不修道之**乡**，**以修道之邦**对比**观察**不修道之**邦**，**以修道之天下**对比**观**察不修道之**天下**，其所建者，孰易拔孰不易拔？所抱者，孰易脱孰不易脱？

吾何以知如何建平**天下**功业**之**所以**然哉？以此**无为之妙道即可。

【诠释】

举世欲求功名之士，无不欲平天下以建不拔之功、垂不朽之业，然若以巧智（有为）建立之，则所得易动摇易丧失易被夺取，如秦始皇与隋文帝。因道之体不可拔，故欲所建功业坚固而不动摇者，唯有以无为之道建之，不执着所建之功业，则无论如何都不会被动摇，方谓"善建"，故曰"善建者不拔"。

因道之体不可脱，故欲守所建之功业者，唯有以道守之，不执不住，则无论如何都不会丧失（脱），方谓之善抱（守），故曰"善抱者不脱"。

如此其功业福德终将泽及后代，故曰"子孙以祭祀不绝"。

越执着、越在乎，越容易"拔、脱"，无论"建"得多坚固，都可以"拔"，无论"抱"得多紧，都可能脱落！

"建、抱"即是拿起，"善"即放下。

"建、抱"即是不住空，"善"即不住有。

"建、抱"即是生其心，"善"即应无所住。

"建、抱"即是时时勤拂拭，"善"即莫使惹尘埃。

"建、抱"即是修福，"善"即是修慧。

……

"道之真以治身，其绪余以为国家，其土苴以为天下。"

欲（善）建平天下之不朽功业，首先需要以道修身，身修则家齐，家齐则国治，国治则天下自平，平天下之功业不过系以道修身之副产品而已，既是"副产品"，当不会执着，故此功业必"善抱"而不可夺、不可动摇。

若以清静无为之道来修身，则无知无欲而与道相应。

以道来齐家则家睦。

以道来管理族群，则族人睦邻友好。

以道来治理国家，则国丰民安。

以道来平定天下，则天下太平，故曰："修之身，其德乃真。修之家，其德有余。修之乡，其德乃长。修之邦，其德乃丰。修之天下，其德乃博。"

此皆是道之妙用，对比不以道修身齐家治国平天下，一有道、一无道，一无知无欲、一有知有欲，二者迥异，孰善建、善抱？故曰："以身观身，以家观家，以乡观乡，以邦观邦，以天下观天下。"

因此，要建平天下之功业，须执持无为之妙道，先修其身，身修而后家齐，家齐而后乡睦，乡睦而后国治，国治而后天下平，故曰："吾何以知天下之然哉？以此。"

第十八章

（通行本第55章）

含德之厚者，比于赤子。蜂虿虺蛇弗螫，攫鸟猛兽弗搏。

骨弱筋柔而握固，未知牝牡之会而朘怒，精之至也。

终日号而不嘎，和之至也。

知和曰常，知常曰明，益生曰祥，心使气曰强。

物壮即老，谓之不道，不道早已。

含德之至厚者（《易经》云"厚德载物"），比于赤子（新生儿，第54章"抟气致柔，能婴儿乎"，第72章"恒德不离，复归于婴儿"）一样，蜂虿虺蛇弗螫（以尾毒害），攫鸟猛兽弗搏（伤害，第13章云"兕无所投其角，虎无所措其爪……

夫何故也？以其无死地焉"）。

骨虽弱筋虽极柔**而**屈**握**拳却极其坚**固有力，未知牝牡之会**（两性交媾）**而朘**（小儿生殖器）**怒**（勃起），乃因为体内**精气充沛之至也。终日号**（哭）**而**嗓子**不嚘**（气逆滞），心气柔和之至也。**

能知柔和以养气**曰知复真常之道，能知**此复真**常之道曰明**了；**益**（过分厚养）其**生命，则曰**必有灾**祥；心**若不平则**使气**散，气散则失于柔弱，故曰**强**（形枯）。

物表面强**壮即**容易枯槁而衰**老，**此欲为强为壮，皆**谓之不合无为之道，不合道**则必然**早已**（速死，第 5 章"强梁者不得其死"，第 41 章"坚强者死之徒也"）。

【诠释】

具大德之圣人，如同新生儿一样，无欲无求，不犯众物，亦不被物犯，故曰"含德之厚者，比于赤子，蜂虿虺蛇弗螫，攫鸟猛兽弗搏"。

筋骨虽然柔弱但握拳相当有力而不易掰开，没有任何性欲但生殖器却能勃起，这是因为新生儿体内精气极为充沛，故曰"骨弱筋柔而握固，未知牝牡之会而朘怒，精之至也"。

虽然整日哭嚎但嗓子气不逆滞，此乃其心无欲无求，无喜怒哀乐之情，心气极为柔和，故曰"终日号而不嚘，和之至也"。

能知道像新生婴儿一样少私寡欲，心气柔和，这就悟入真常之道，因精随气转，气逐心生，故心不平而妄动则气散，气散则精溢，精溢则神乱。如《楞严经》曰："因诸爱染，发起妄情。情积不休，能生爱水。是故众生，心忆珍馐，口中水出。心忆前人，或怜或恨，目中泪盈。贪求财宝，心发爱涎，举体光润。心著行淫，男女二根，自然流液。阿难，诸爱虽别，流结是同。润湿不升，自然从坠。"

反之，心不妄动则平定，心平则气和，气和则精固，精固则神安，神安则自然复归真常之道，故曰"知和曰常"。

于内调柔心性，于外敬重他人，柔弱如新生儿，此即入真常妙道之方，能悟能修，可谓智慧明了，故曰"知常曰明"。

反之，不知清心寡欲，为养生而嗜欲口腹，则必遭果报，必有灾殃，故曰"益生曰祥"。

若心不平，则气不和，气不和则气散，气散则精竭，精竭则形枯，失于柔弱而显得很坚硬，故曰"心使气曰强"。

世人只知益生而欲使身壮，或动气而争强好胜，所谓"人争一口气"，殊不知欲争气则必然动气，气动而精神元气不知所养，损耗太过，反而容易枯槁衰老，此"益生、心使气"皆不合无为之道，失道则常常会早死，故曰"物壮即老，谓之不道，不道早已"。

第十九章

（通行本第56章）

【经文】

知者弗言，言者弗知。

塞其兑，闭其门。

和其光，同其尘。

挫其锐，解其纷。

是谓玄同。

故不可得而亲，亦不可得而疏；

不可得而利，亦不可得而害；

不可得而贵，亦不可得而贱。

故为天下贵。

【义贯】

悟知大道者，弗（不）能言说自己悟道了，若人言（说）自己是悟道者则必定弗（不，没有）悟知无为之道。

堵塞其兑（兑即嘴，塞其兑即第 68 章"希言自然"），缄默自守，忘言体道。关**闭其**六根之**门**而少私寡欲；**和其光**而**同其尘**，光而不耀、与世无争；**挫其锐**利锋芒，纾**解其**内心**纷**争对抗，则**是谓**与道之体**玄同**（同于道）。

道体虚无，本无亲疏、贵贱、利害之别，**故不可得而亲，亦不可得而疏；不可得而利，亦不可得而害；不可得而贵，亦不可得而贱**，亲疏、贵贱、利害皆虚无而不可得，**故**知此无为之道**为天下**至珍至**贵**也。

【诠释】

道可道，非常道。道本无言，不可言说，可以言说者，皆非真常之道。如言见道之时，所言非是道，道犹离于言，乃言所不能及。因此真正悟道者，如人饮水，冷暖自知，言语道断，心行处灭，其境界不可言说，非语言所能表达，一有言说则必然不是道，说自己悟道者，则肯定没有悟道，故曰"知者弗言，言者弗知"。

既然如此，修道之人，一要管住嘴，少说多修，静坐常思己过，闲谈莫论人非，不事口舌之争，这样才是入道之正途，故曰"塞其兑"。

二要管控欲望，常使自己无知无欲，眼不贪色、耳不贪声，六根六尘，不妄作无边之罪，故曰"闭其门"。

但妙道必有其妙用，有体必有用，体用一如，不能只知"塞其兑，闭其门"，沦为断灭空，要"既得其母"，亦要"以知其子"，要积极入世，随缘度化众生，故曰"和其光，同其尘"。

心中视众生无贵贱之别，收敛才智，能随缘应物；要遇物浑圆，不露锋芒，故曰"挫其锐"。

能调服内心纷纷扰扰杂念妄想，无事无争，安闲恬静，虚融淡泊，故曰"解其纷"。

苟能如此有无并立，妙徼齐观，不执着不断灭，于入世中出世，则方可谓与清静无为之道相合，故曰"是谓玄同"。

道之体无善无恶，无亲疏、贵贱、利害，有道之人，观诸行无常、五蕴皆空，万物皆缘生如幻而不可得，凡所有"得"（相），皆是虚妄，皆非真得！"恒有欲也，以观其徼"，则心中虽能分别亲疏但不刻意亲近贤（人）疏远小（人）；虽能分别利害但却不刻意趋利避害；虽能分别贵贱但却不刻意贵弃贱取，故曰"故不可得而亲，亦不可得而疏；不可得而利，亦不可得而害；不可得而贵，亦不可得而贱"。

悟此不可得，即为真得，得天下最为尊贵之道宝，故曰"为天下贵"。

第二十章

【经文】

以正治邦，以奇用兵，以无事取天下。

吾何以知其然也哉？

夫天下多忌讳，而民弥贫。

民多利器，而邦家滋昏。

人多知巧，而奇物滋起。

法物滋彰，而盗贼多有。

是以圣人之言曰：

我无为而民自化，我好静而民自正，我无事而民自富，我欲不欲而民自朴。

【义贯】

以清静无为之正道（正即下文"无为、好静、无事、欲不欲"，第52章"政善治"）**治邦，以奇巧诈术**（诡道）**用兵，**

以无事（清静无为，即上文"以正治邦"，第11章"取天下也，恒无事；及其有事也，不足以取天下"）方能取天下（第73章"将欲取天下而为之，吾见其弗得已"）。

吾何以知其然（以无事取天下这个道理）也哉？

夫天下（人君）多忌讳（禁忌），而（则）民弥（益，更加）贫困；

民众多锋利兵器，因而邦家滋昏（混乱）；

人君多知巧（巧智），而天下奇物必然滋起（第62章"智慧出，安有大伪"）；

法物（珍奇之物）滋彰（人君崇尚珍奇之物），而盗贼多有也（第47章"不贵难得之货，使民不为盗"，第63章"绝巧弃利，盗贼无有"）。

如此皆不足以取天下，是以圣人之言曰：欲取天下，唯需"无事"，即：我无为而民自然得到教化，我好静而民心自正（清净），我无事（不扰民）而民自富，我欲不欲（"不欲"即无欲，第81章"不欲以静，天地将自正"）而民自返归于纯朴（清静无为之道，第72章"恒德乃足，复归于朴"）。

【诠释】

清静无为之道可以治理国家，多欲有为之奇巧诈术只能用之于兵，但兵者不祥之器，唯有不得已而为之，并非取天下之工具。欲取天下，只能走清静无为之正道而非有为之邪道，故曰"以正治邦，以奇用兵，以无事取天下"。

为何清静无为之道可以取天下呢？稍加对比观察便可知，故曰"吾何以知其然也哉？"

若人君推行有为之道，则天下多有禁忌，刑罚严苛，犯罪者众，民不能安居乐业，忌讳越多，老百姓受限越多，社会经济没有活力，民众愈加贫困，故曰"夫天下多忌讳，而民弥贫"。

人君有为，丧道而欲以兵强于天，好为强梁，百姓尚武不尚文，争强好胜，如此国家必混乱动荡不安，故曰"民多利器，而邦家滋昏"。

人君好有为之巧智，则技巧日生，技巧甚，则天下奇物必然大量滋生，如宋徽宗之贪爱珍奇异石，故曰"人多知巧，而奇物滋起"。

人君崇尚珍奇之物，则必然吸引天下盗贼，故曰"法物滋彰，而盗贼多有"。

以上四项均是"有事"，均是人君施行有为，皆不足以取天下。因此圣人说，欲取天下，人君唯须以清静无为之道修身，"无为、好静、无事、欲不欲"，则必然国安民富，天下太平，故曰"是以圣人之言曰：我无为而民自化，我好静而民自正，我无事而民自富，我欲不欲而民自朴"。

第二十一章

（通行本第58章）

其政闷闷，其民惇惇。

其政察察，其民狭狭①。

祸，福之所倚；

福，祸之所伏。

孰知其极？

其无正也，正复为奇，善复为妖。

人之迷也，其日固久矣。

是以方而不割，廉而不刺，直而不肆，光而不耀。

---

① 帛书甲本作"夬"，乙本残缺，高明教授认为"夬"借为"狭"，即狡诈。徐志均《老子帛书校注》则同传世本作"缺"，其依据之一是《郭店楚墓竹简·老子》乙："大成若夬"，谓"夬"通"缺"，即淳朴德行的缺失。憨山大师释"缺缺"为多忧不足之意。综合上下文分析，笔者取高明教授之"狭"，即狡诈精明，与"察"（即"水至清则无鱼，人至察则无徒"之"察"）近义。

【义贯】

其为**政者闷闷**（无知貌，无为，即上一章"无为、好静、无事、欲不欲"，第52章"政善治"）而甘为下，**其民必惇惇**（淳朴敦厚，第64章我独"若昏、闷闷"）而柔弱不争。而**其为政者察察**（法令严苛，好巧智，有为，即第28章"以明民"、"以智治邦"，第64章俗人"昭昭、察察"）以求长寿、富贵、政权稳固等福，然"百姓皆属耳目焉"，上行下必甚焉，故**其民必狭狭**（狡猾奸诈）而求福。

闷闷、惇惇而吃亏受辱，世人皆以为是祸，但殊不知**祸**，乃是**福之所倚**靠；察察、狭狭看似得福，但**福，必有祸之所伏藏**，但是**孰**能了**知其**（福祸相依）**极**（极即深，知其极即深知福祸相依这个真理）？

其上（人君）"**察察**"以求福，**无以**清静无为之**正道治国也**（"正"即第20章"以正治邦"），故下民之**正者**（好人）**复变为奇者**（坏人），**善**良之人亦**复变为妖**祥（恶人）。

人君之好"察察"，**迷失无为之道也，其日**（时间）**固久**非一朝一夕**矣**。

是以为上之人君当修无为之道，**虽方**正不阿**而不割**伤人，虽表面**廉**（锋利、有棱角）但内心柔和故**而不刺**伤人，虽正**直而**善于拿捏分寸，**不**对他人**肆**无忌惮、无所顾忌，虽有**光**

亮（可以炫耀的资本）**而不炫耀**于人（韬光晦迹）。

【诠释】

为上之人君行无为之道，"无为、好静、无事、欲不欲"，其下之百姓必然安享太平，安谧恬适，自得其乐。君民一体，上下同愚，此乃是无为之大智！故曰"其政闷闷，其民惇惇"。

反之，若为上之人君行有为之道，"有为、不静、有事、有欲"，上行下效，上有为，下亦有为，上精明苛察，下则狡诈邪伪，上有政策，下有对策，故曰"其政察察，其民狭狭"。

为上者清静无为，"闷闷"而无所求，能受邦之垢、受邦之不祥（第43章"受邦之垢，是谓社稷之主；受邦之不祥，是谓天下之王"），则为下者亦"惇惇"而少私寡欲，守其下、守其辱、守其雌，此受"垢、辱"等，看似祸，实则是福，看似遗憾，实则是躲过一劫，故曰"祸，福之所倚"。

若为上者以聪明巧智求福，贪着声色货利，为下者亦"狭狭"而求长寿、富贵，多私多欲。此以有为之道求福，福虽暂得，但终不持久，且福尽祸来，所谓"天欲亡之，必先狂之"（第80章云"将欲翕之，必固张之；将欲弱之，必固强之；将欲去之，必固举之；将欲夺之，必固与之"），祸福相依，苦乐相随，欲求福则祸必接踵而至，所谓求福反遭祸。如苏格拉底所言：
"我们通常称为快乐的这种感觉真奇怪！它跟它的反面痛苦不可
思议地联结在一起。这两种感觉绝不会同时来到一个人身上，
可是这人如果追求其中之一，并且抓住了它，就会不由自主地
获得了它的反面，好像二者联在一起似的。"（《柏拉图对话集·斐
洞篇》）故曰"福，祸之所伏"。

若能"闷闷、惇惇"，清静无为，不追王侯卿相之福，不
逐骄奢淫逸之乐，则必无苦无祸，此方是恒常之福，但是有
谁深知这个道理呢？故曰"孰知其极"。

其在上之人君"察察"而失于无为之道，不行正道而行
邪道，终日求福，则民亦效仿而"狭狭"，致使良民变为刁民，
社会混乱不堪，此谓因福生祸矣！故曰"其无正也，正复为奇，
善复为妖"。

人君好有为之"察察"，迷失无为之道，多私多欲，求
福反遭遇祸害，已非一朝一夕，故曰"人之迷也，其日固
久矣"。

因此为上之人君应即时迷途知返，从有为之邪道返归无
为之大道，从"察察"而返归"闷闷"，和光同尘，不以己之
正而苛责人、伤人。如《了凡四训》云："吾辈处末世，勿以
己之长而盖人；勿以己之善而形人；勿以己之多能而困人。
收敛才智，若无若虚；见人过失，且涵容而掩覆之。"果能如

此，则不求福而福自来，故曰"是以方而不割，廉而不刺，直而不肆，光而不耀"。

第二十二章

（通行本第59章）

治人事天莫若啬，夫唯啬，是以早服。

早服是谓重积德，

重积德则无不克。

无不克则莫知其极。

莫知其极，可以有国。

有国之母，可以长久。

是谓深根固柢，长生久视之道也。

【义贯】

对**治**（管控）**人**的欲望、自律而不放纵私欲，以**事**（合于）自然无为之**天**道（性德，即背尘合性，《楞严经》谓"入流亡所"），**莫若**（如）**啬**（啬：节省节俭，有智而不用，有财而不贪，第70章"虽有荣观，燕处则超若"），**夫唯**以**啬**对治人的欲望，以啬事天，**是可以早服**（服即复、返，不远而复，未行远而返归，迅速复归于朴、归于性、归于道），方是复性功夫。

早服（复）**是谓厚重积德**（厚德），**重积德则无敌不克，无敌不克则莫**（不能）**知晓其**能量之**极**限（能量不可估量）。道之真以治身，其绪余以为天下国家，身修则国治，故德厚而**莫**（不能）**知晓其**能量之**极**限，如此则**可以托付天下**（第57章"贵为身于为天下，若可以托天下矣"）而**有**（为）**国**之**君**（即内圣外王）。

有国之母（母即"啬"，倒装句"有母之国"，即以啬之道治国），这样的国家才**可以长久**不衰。

故以啬修身、治国则**是谓深根**（"根"指四旁伸张的须根，即蔓根）**固**（坚固）**柢**（"柢"指垂直下伸的主根，即直根，"深根固柢"即根深蒂固），**长生久视**（喻延年益寿或君王之位久长）**之道也**。

【诠释】

以无为之道修身，关键在于管控欲望，在拥有中超越，知止知足，少私寡欲，亦即返闻合性，背尘合道，六根不逐六尘。若能离欲，"不以人害天，不以物伤性"，则性自复，能见闻觉知嗅尝之见性、闻性、觉性、知性、嗅性、尝性自然显露。反之，若眼驰色，耳奔音……则清净自性被障蔽，致使目盲不能视，耳聋不能听，失于无为之道，故曰"治人事天莫若啬"。

此"啬"即为腹不为目，居有观无，观其徼，观万物皆缘生不实如幻而不执不贪。是故"啬"实质上是唯识学所谓无贪心所。如何拥有而不贪？持戒，以戒度贪！故"啬"实质上亦指戒定慧三学。可见"啬"即是入道功夫！唯有如此，方能在失道未久、离道不远之时迅速复归于道，故曰"夫唯啬，是以早服"。

若能如此及时复归于道，则道之起用，必德厚而能承载万物。道之真以治身，其绪余以为天下国家，身修则国治，如此以道修身之圣者，外则可为君王。圣君执掌之国，必国力长久而不衰，故曰"早服是谓重积德，重积德则无不克，无不克则莫知其极。莫知其极，可以有国。有国之母，可以长久"。

故以"啬"修身，则身之本坚固不拔，能延年益寿；治国，则国基稳固、国君王位长久，故曰"是谓深根固柢，长生久视之道也"。

第二十三章

【经文】

治大国若烹小鲜。

以道莅天下，其鬼不神。

非其鬼不神也，其神不伤人也。

非其神不伤人也，圣人亦弗伤也。

夫两不相伤，故德交归焉。

【义贯】

治大国若（如同）烹饪小鲜（小鱼），人君以无为之道莅（治理）天下，其邪魅之鬼亦不神（不灵验）。并非其邪魅之鬼不神（不显灵）也，不过是其（鬼）神（显灵）不伤人反而赐福与人也。

表面看是鬼不伤人，实质上并非其鬼神不伤人也，而是圣人亦绝弗伤民也（第20章"是以圣人之言曰：我无为而民自化，我好静而民自正，我无事而民自富，我欲不欲而民自朴")。

夫两（鬼与圣人）皆**不相伤**人，反而赐福予人，**故**两者之**德**相**交归**于无为之大道**焉**。

【诠释】

烹饪小鱼，其诀窍是用小火、文火，不要用大火，不要频繁搅动，否则鱼便会糜烂而不全。治理大国亦然，当行无为之道，若是频繁扰民，好管闲事，喜好找所谓的"存在感"，则民必受伤而贫困，故曰"治大国若烹小鲜"。

人君若以无为之道治理天下，国无天灾人祸，民生安定，连邪魅之鬼都不灵验了，故曰"以道莅天下，其鬼不神"。

其实并非这些邪魅之鬼不显灵，不过是其显灵护佑民而不伤民，故曰"非其鬼不神也，其神不伤人也"。

究其根源，并非其鬼显灵不伤人反而保佑人，实质上是圣人行无为之道，无事、无欲、不扰民，而民自化、自正、自富、自朴，安居乐业，免受饥劳。圣人含哺百姓，如保赤子，与天地合其德，与鬼神合其吉凶，故圣人不伤人，这些邪魅之鬼也不伤人，故曰"非其神不伤人也，圣人亦弗伤也"。

邪魅之鬼害人抑或保佑人，关键在人君，若人君有为而合于凶，则鬼凶而害人；若人君无为而合于吉，则鬼亦吉而助人。今人君与邪魅之鬼合其德，邪魅之鬼亦只知助人而不害人，故曰"夫两不相伤，故德交归焉"。

第二十四章

（通行本第61章）

大邦者，下流也，天下之牝。天下之交也，牝恒以静胜牡。

为其静也，故宜为下。

大邦以下小邦，则取小邦。

小邦以下大邦，则取于大邦。

故或下以取，或下而取。

故大邦者，不过欲兼畜人；

小邦者，不过欲入事人。

夫皆得其欲，大者宜为下。

【义贯】

为**大邦者**，若能谦恭自牧，如同水之甘居**下流也**，柔弱虚静则如**天下之牝**（"牝"即母，近于道，第50章"玄牝之门，是谓天地之根"，第15章"天下有始，以为天下母"），亦如江海善下之而为**天下**百川**之交**汇，几近道**也**。

牝性静而**牡**性躁，故**牝恒以**其清**静**少欲**胜牡**（雄性动物）之躁动多欲，因**为其静也，故宜为下**而柔也。

大邦以谦恭**下**心对待**小邦**，如母育子，**则**可**取**得**小邦**归附；**小邦以**谦下之心侍奉**大邦**，如子侍奉母，**则**可**取于**（被）**大邦**接纳。

故或谦下以**取**得小国归附，**或**谦下而**取**得大国接纳。

故大邦者，**不过欲兼**并**畜**纳**人**（小国），若没谦下的包容心则无以成为大国；**小邦者，不过欲入**（归附）事奉**人**（大国），若不能谦下忍辱则无法达到其目的。**夫**大国小国二者**皆各得其所欲**，故**大者**尤其**宜为下**。

【诠释】

欲为大国之人君，若能谦恭自牧，如同水之甘居下流，如天下之雌性动物柔弱寂静与人无争，如大海能容纳天下之百川，为百川之交汇，则几近道也，故曰"大邦者，下流也，天下之牝，天下之交也"。

雌性动物性温，柔弱好静；而雄性动物则性躁，刚强好动。因此雌性动物清静少欲，能甘居下而柔，雄性动物则欲为上而逞强，柔弱胜刚强，因此雌能胜雄，故曰"牝恒以静胜牡，为其静也，故宜为下"。

大国如果要取得小国归附，应该如雌性动物一样，谦恭对待小国，如母亲养育孩子，故曰"大邦以下小邦，则取小邦"。

同样，如果小国能够如雌性动物一样柔和，以谦下之心侍奉大国，如子侍奉孝敬母亲，则能被大国接纳保护，故曰"小邦以下大邦，则取于大邦"。

因此要么大国谦下以取得小国归附，或者小国谦下而取得大国接纳。大国目的不过是想兼并小国，小国不过是想归附大国进而得到大国庇护，只要二者皆能如雌性动物之柔和，大者能包容，小者能忍辱，尤其是大国能如大海之甘居于下，则必能各取所需，相互成就，如同大公司想兼并收购小公司，小公司想融入大公司而被收购，以降低风险，故曰"故或下以取，或下而取。故大邦者，不过欲兼畜人；小邦者，不过欲入事人。夫皆得其欲，大者宜为下"。

憨山大师说，小者素来在人下，不怕不能下，唯大者素来不在人下，恐其能上不能下，故老子特意说"大者宜为下"。

第二十五章

（通行本第62章）

【经文】

道者万物之主也，

善人之宝也，不善人之所保也。

美言可以市，尊行可以加人。

人之不善也，何弃之有。

故立天子，置三卿，虽有拱之璧以驷驷马，不若

坐而进此。

古之所以贵此者何也？

不谓求以得，有罪以免与？

故为天下贵。

【义贯】

道者乃是**万物**（包括下文善人和不善之人在内）**之主也**

（即第65章"其中有精呵。其精甚真"之"精"，第5章"道

生一，一生二，二生三，三生万物"，第 48 章"道盅，而用之又弗盈也。渊呵，似万物之宗"），**善人之宝也，不善人之所赖以保生也**。

圣人以道自化，其**美言**（言传，合乎大道之言）**可以市**（在市场出售，流传，即为人师，教化人），受人**尊敬之行**（身教）**可以加**（教化）**人**。

圣人深知善人和不善之人都存有道之体，故而对于**人之不善**（不善之人）**也，何弃之有**（不会放弃教化，第 71 章"是以圣人恒善救人，而无弃人"，第 12 章"圣人恒无心，以百姓之心为心。善者善之，不善者亦善之"）？**故虽立天子，置三卿**，亦不足为尊贵，**虽有**尊贵的**拱抱之璧玉以**（与、及）**骀**（马众多）**驷马**（同驾一辆车的四匹马），亦不足为荣观，**不若坐而进此**无为之大道。**古之所以贵**（重视，以为贵）**此者**（道），**何也？不谓**合乎大道则有**求以**（必）**得**（第 31 章"既以为人，己愈有"，第 67 章"夫唯不争，故莫能与之争"），**有罪以免与**（虽第 38 章言"天网恢恢，疏而不失"，然第 9 章言"罪莫大于可欲"，入道则无欲，无欲则无罪，即第 13 章言"以其无死地焉"，故"有罪可免"），**故**（道）**为天下贵**。

【诠释】

无论善人还是不善之人，其体皆是虚无之大道，善恶虽殊，其道无二。如《坛经》云："人性虽有南北，佛性本无南北。"善人不失道，不善之人道虽迷失而实未曾失去，须赖道以保生，故曰"道者万物之主也，善人之宝也，不善人之所保也"。

圣人言传身教，为人演说，堪为人师，其合乎大道之言行皆可以教化人，故曰"美言可以市，尊行可以加人"。

在圣人心中，并无善人和不善人之虚妄分别，皆视之为刍狗，一视同仁，一同教化，无缘大慈，同体大悲，善恶众生平等，因此不会抛弃世人所谓的不善之人而不予以教化，如老师不会放弃任何一个学生，故曰"人之不善也，何弃之有"。

"道之尊，德之贵也，夫莫之爵而恒自然也"，道德天然如此尊贵，远非王侯将相之位、金玉满堂之财可以比，故曰"故立天子，置三卿，虽有拱之璧以驷驷马，不若坐而进此"。

古之贤圣之所以如此珍视无为之道，乃因为入道悟道者，清静无为，善下之而为百谷之王，无欲无求。其所争者，唯不争，夫唯不争，而天下莫能与之争；其所欲者，欲众人之所不欲，其所求者，唯无所求，无欲无求，故所求遂顺，故曰"古之所以贵此者何也？不谓求以得"。

世人贪嗔造罪，根源在于欲望。入道之圣人，知足知止，少私寡欲，无欲则不造罪，知足则不辱，知止则不殆。另外，入道之圣者，虚静无为，虽此前造罪必偿，因内心空寂，亦可报而不受，受罪而不以为是罪，或罪业已经彻底忏悔而不再受报，故曰"有罪以免与？故为天下贵"。

第二十六章

（通行本第63章）

【经文】

为无为，事无事，味无味。

大小，多少，报怨以德。

图难乎其易也，为大乎其细也。

天下之难作于易，天下之大作于细。

是以圣人终不为大，故能成其大。

夫轻诺必寡信，多易必多难。

是以圣人犹难之，故终于无难。

【义贯】

圣人至虚无为，**为**而无以**为**（为而不恃，第47章"弗为而已，则无不治矣"），成**事**而无以为**事**（第11章"取天下也，恒无事"），至淡而无**味**（淡泊功名），**味**（成就功名）而无（不以为）有**味**（功名利欲，第79章"道之出言也，曰淡呵其无味也")。

世人贪大（有为）弃小（无为），贪多（有为）厌少（无为），报怨以怨，圣人则**报怨以德**。

要**图**（谋划）看似很**难**之事**乎**需要从**其**容**易**处着手**也**，要**为**（做）**大**事**乎**需要从**其细**微之处着手**也**（第 27 章 "为之于其未有也，治之于其未乱也"）。

因此**天下之至难**之事皆**作于易**（从容易处入手），**天下之大事**皆**作于细**微之处。**是以圣人终不为**（执着）成就**大事**，不好高骛远，**故能成**就其大业。

夫不要轻易许下**诺言**，否则**必然**容易食言而**寡**（很少有人会）**信**任你。若**多**以世间之事为**易**而轻忽，则**必然**会遭遇很**多困难**。

是以圣人犹以小、少之事为大为**难**而重视之，**故终于无**有困难之事。

【诠释】

世人崇尚有为（智巧）、有事（功业）、有味（功名利禄），而圣人却至虚而无为，有无并立，妙徼齐观，为而不恃，至静而无事，功成而不居，灭度众生而不见有众生得灭度，安闲恬静，虚融淡泊，功名食之无味，故曰 "为无为，事无事，味无味"。

世人执着功名利禄，为有为、事有事、味有味，欲有为而不欲无为，贪大、多而不欲小、少，以高功厚利为大、多而贪求，以淡泊名利为小、少而弃之。

然修道之人却与世人相反，不欲大、多而甘居小、少。譬如怨，本是小、少，但世人因崇尚有为、有事、有味，于小怨初结之时不予重视，不能释怀，不是解怨而是以怨报怨，冤冤相报，无有穷期，乃至因之而杀身灭名，亡国败家；而圣人则因行无为之道，视怨为小、少而全无报复之心，不往心里去，对方必然以我为有德，故曰"大小，多少，报怨以德"。

天下之事，何独于怨，事事皆是如此，难中有易，大中有细，大处着眼，小处着手，细节决定成败，一屋不扫何以扫天下，"莫轻小恶以为无殃，水滴虽微渐盈大器，凡罪充满从小积成。"故曰"图难乎其易也，为大乎其细也。天下之难作于易，天下之大作于细"。

是以修道之圣人不执着成就大事，不好高骛远，不以恶小而为之，不以善小而不为，能扫一屋，故能扫天下，故曰"是以圣人终不为大，故能成其大"。

看似容易的事情，其实不容易做好，譬如注意饮食起居，戒烟限酒等防治未病之方，说起来很容易，做起来非常难！世人最容易的事，莫过许诺，张口就来毫不费力，但兑现诺言却非常困难。因此不要轻易许下诺言，否则必然容易食言而很少有人会信任你。若常常把容易的事情看得很简单而不够重视，则必然会付出巨大代价，故曰"**夫轻诺必寡信，多易必多难**"。

修道之人不轻诺，不忽视小、少，戒禁于隐微之处，故而不会遇到困难、危险。如同要破除根本烦恼，需要从降服小随烦恼开始，故曰"**是以圣人犹难之，故终于无难**"。

第二十七章

【经文】

其安也，易持也。

其未兆也，易谋也。

其脆也，易破也。

其微也，易散也。

为之于其未有也，治之于其未乱也。

合抱之木，生于毫末。九层之台，作于蔂土。百仞之高，始于足下。

为之者败之，执之者失之。

是以圣人无为也，故无败也；

无执也，故无失也。

民之从事也，恒于几成而败之，故慎终若始，则无败事矣。

是以圣人欲不欲，而不贵难得之货；

学不学，而复众人之所过。

能辅万物之自然，而弗敢为。

【义贯】

在**其**心安稳平静之时用功**也**，最容**易持**之不失**也**，用力少而收功多。在**其**喜怒哀乐之念初起，喜怒哀乐之形**未兆**（显发）之时下手**也**，最**易谋**划管控**也**。当其喜怒哀乐之念虽起但很**脆弱**之时用力**也**，最**易破**除**也**。**其微**小之时**也**，最**易**使其消**散也**。

为（下手）之于其未有**也**，**治理**之于其未乱**也**（治未病，防患于未然）。

合抱之木，生于毫末；九层之台，作于蘽（土筐）**土；百仞之高，始于足下**，此实修下手功夫，无不是从细微处着手。

以有为之心而**为之者必易败之，执着之者必易失**败之。

是以圣人恬淡无**为**（相对于上文"为之"）**也**，**故无败也；无执**（相对于上文"执之"，无执即无为）**着也**，**故亦无所失也。**

民之从事也，常急躁而好有为，**故恒于几**（接近）**成功**

之时**而**最终**败**之。**故**如果能够谨**慎**看待事成之**终**，虽成而仍视**若**初**始**之未成，欲念之未起，**则**必**无败事矣**。

世人欲有知有为，不欲清静无为，**是以圣人**却刚好相反，**欲**求世人**不欲**之少私寡欲，**而不贵难得之**奇珍异**货**（不贪财，第 56 章"难得之货使人之行妨"）；**学**世人之所**不学**（无为之道），教世人之所不教，**而复**（远离）**众人之所**离朴失真、失道之**过患**，是故圣人**能辅**助**万物**复归于道之**自然**（自然之道），**而弗敢**有**为**（即欲众人之欲，学众人之学）。

【诠释】

在具体实修入道与守道功夫上，如何"图难于易，为大于细"？若在其心寂然不动，无知无欲之时用功，用力最少而功效大。如《了凡四训》云："大抵最上治心，才动即觉，觉之即无。"故曰"其安也，易持也。其未兆也，易谋也。其脆也，易破也。其微也，易散也"。

如同治病一样，下医治已病，上医治未病，防患于未然，为大于细，图难于易，故曰"为之于其未有也，治之于其未乱也。合抱之木，生于毫末；九层之台，作于累土；百仞之高，始于足下"。

若不防患于未然，在心已躁动、欲念炽盛，退失无为之道而行有为之时下功夫，则必然容易失败，故曰"为之者败之，执之者失之”。

圣人虚心鉴照，恬淡清净，不随念起，不逐境迁，不执着得，亦无所失，故曰“是以圣人无为也，故无败也；无执也，故无失也”。

世人有欲有为，于事之初，无有五色、五音、五味诱惑，看似无知无欲而不贪，实则是可贪的对境没有现前。一旦离成功越近，内心的贪欲则必然被近在咫尺的功名利禄、玉帛珍奇所引诱，争名夺利，能共苦而不能同甘，最后功亏一篑，错失“临门一脚”，虎头蛇尾。此看似偶然，实则必然，因其迷失于清静无为之道而有为、有欲，道路选择错了，焉有不败之理，故曰“民之从事也，恒于几成而败之”。

若能持无为之道，临近成功之时面对声色货利诱惑而如初始一样内心寂然不动，“功亏一篑，未成丘山；凿井九阶，不次水泽；行百里者半九十。”见合抱之木如见毫末，居九层之台如见蔂土，临百仞之高而思足下咫尺，虽接近成功仍战战兢兢、如履薄冰，谨慎从事，则必然不会失败，故曰“故慎终若始，则无败事矣”。

圣人无知无欲，其所欲者，乃欲求世人之不欲（少私寡欲、无知无欲），而不欲世人所欲之五色、五音、五味，不驰骋田猎，不贪奇珍异货，故曰“是以圣人欲不欲，而不贵难得之货”。

圣人修持世人所不学不修之清静无为，从而远离世人有为之过患，并以此接引万物万民复归于自然之大道，故曰"学不学，而复众人之所过。能辅万物之自然，而弗敢为"。

第二十八章

【经文】

古之①为道者，非以明民也，将以愚之也。

民之难治也，以其智也。

故以智治邦，邦之贼也；

以不智治邦，邦之德也。

恒知此两者，亦稽式也；

恒知稽式，此谓玄德。

玄德深矣，远矣，与物反矣，乃至大顺。

【义贯】

古之为道者（圣君），非以明（有为之巧智，滥用心机）
统治人民也，而是将以愚（清静无为之道，第63章"见素

---

① 帛书甲本作"故曰"，乙本作"古之"，按高明《帛书老子校注》，此
文当按照乙本订正。

抱朴，少私而寡欲"；第 64 章"我愚人之心也，沌沌呵"，第 12 章"圣人之在天下……百姓皆属耳目焉"，第 21 章之"闷闷、惇惇"）统治**之也**。**民之难**以**治理也，以其上好巧智也**（上好巧智，则下必效仿，第 63 章"绝圣弃智，民利百倍"，第 47 章"恒使民无知无欲也，使夫智不敢、弗为而已"）。**故以智**巧之有为**治邦**，则国必难治，足见智乃**邦之贼也**（第 62 章"智慧出，安有大伪"）；**以不智**（愚，清静无为）之道**治邦**，则国无不治，可见愚乃**邦之福德也**（第 20 章"我无为而民自化"）。

恒知此两者之优劣并弃劣取优，**亦足为稽**（楷）**式**（治国之楷模）**也。恒知**不以智治国之**稽**（楷）**式，此谓**合乎无为大道之**玄德。玄德**幽**深**难识**矣**，故一般人都与道疏**远矣**。

若能**与物**（声色货利）**反**（返归，与前文"远"相呼应）**矣**（不追逐声色货利），**乃会至大顺**于妙道（即入道）。

【诠释】

古之圣君以清静无为之道治国，不以难得之货为贵，不以有为之巧智驭民，淳朴谦下，大智若愚，君民同归无为之大道，则无不治，故曰"古之为道者，非以明民也，将以愚之也"。

国之难治，民众难以管理，根源在上不在下，所谓上梁不正下梁歪，上行有为，好巧智，则下必效仿，国必难以治理。因此若以有为之巧智治国，则国必难治，足见有为巧智如同国之贼，当为人君所摒弃，故曰"民之难治也，以其智也。故以智治邦，邦之贼也"。

反之，"国之易治，以其愚也"，若以清静无为之道治国，则国泰民安。可见以无为之道治国乃国之福德，故曰"以不智治邦，邦之德也"。

如果人君能悟知以智治国和不以智治国之优劣并择其优而从之，这样的君王必然是治国之楷模，故曰"恒知此两者，亦稽式也"。

能为治国楷模之人君，必定是合乎无为之道，故曰"恒知稽式，此谓玄德"。

然此清静无为之道，微妙幽深，非浅识者所可知也，唯有上士闻道方能勤而行之，故曰"玄德深矣"。

中士闻道若存若亡，下士闻道大笑之，故俗君仍多选择有为之巧智治国，追逐声色货利而疏远无为之道，故曰"远矣"。

唯有背离声色货利而返归淳朴之"愚"，清静无为，方能入于妙道，故曰"与物反矣，乃至大顺"。

第二十九章

（通行本第66章）

江海之所以能为百谷王者，以其善下之，是以能为百谷王。

是以圣人之欲上民也，必以其言下之；其欲先民也，必以其身后之。

故居上而民弗重也，居前而民弗害也[①]。

天下乐推而弗厌也。

非以其无争与，故天下莫能与争。

【义贯】

江海之所以能为百谷（百川）之王（往，汇聚）者，以其善居低下之位，是以能为百谷王。

————

[①] 帛书甲本作"居前而民弗害也，居上而民弗重也。"乙本作"居上而民弗重也，居前而民弗害也。"顺序颠倒，高明《帛书老子校注》勘校从乙本。

　　是以圣人之欲上民也（为民之上），**必须以其**出言效法江海而谦虚**下之**（如孤、寡、不谷）。

　　其欲先民（处民之先）**也，必以其身后之**（第51章"是以圣人退其身而身先"，第32章"不敢为天下先"）。

　　圣人以道化民，**故居上而民载之弗**感觉受到重压**也**（不以为累），**居前而民弗**怕受到伤害**也，天下乐推而弗厌也。**

　　此非圣人**以其**善下包容**而无争与，故天下莫能与争**（同第52章"夫唯不争，故无尤"，第31章"人之道，为而弗争"）。

【诠释】

　　大海能纳百川，胸怀博大，无所不容，此乃是因为其居于下而百川自然归汇入。故曰"江海之所以能为百谷王者，以其善下之，是以能为百谷王"。

　　一个人成就大小，亦取决于个人的胸怀，取决于心的容量，容量越大，成就越大。而容量大小则取决于所居位置高低，越谦卑调柔，则位置越低，所容亦越大；越高傲好强，则位置越高，所容亦越小。

　　是以圣人欲为民之君王，必须效法江海谦卑而甘居于下，以下为基、以贱为本，位虽高而不以为高，不以自己位尊而凌驾于天下，故曰"是以圣人之欲上民也，必以其言下之"。

而欲处民之先，必先天下之忧而忧，身虽处民之先而心在民之后，身先而心后，为先而不争先，故曰"其欲先民也，必以其身后之"。

圣人以无为之道化民，形在上而心在下，在上而不以为上，处先而不以为先，故虽在上而在下之百姓不会有压迫感，虽居先而不伤民反而福民，因此备受百姓拥戴，故曰"故居上而民弗重也，居前而民弗害也。天下乐推而弗厌也"。

此即圣人谦恭自牧，布施而不住相，妙微齐观，空有不住，为而不恃，功成不居，为天下苍生而随缘拿起，随缘放下，因其不争功名利禄，则天下亦无有人能与之争，故曰"非以其无争与，故天下莫能与争"。

魏征《谏太宗十思疏》云："念高危，则思谦冲而自牧；惧满溢，则思江海下百川；乐盘游，则思三驱以为度；忧懈怠，则思慎始而敬终；虑壅蔽，则思虚心以纳下；惧谗邪，则思正身以黜恶；恩所加，则思无因喜以谬赏；罚所及，则思无因怒而滥刑……文武并用，垂拱而治。"亦可为本章注解。

第三十章

(通行本第80章)

小邦寡民，

使有十百人之器而毋用，使民重死而远徙。

有舟车①无所乘之，有甲兵无所陈之，

使民复结绳而用之。

甘其食，美其服，乐其俗，安其居，

邻邦相望，鸡狗之声相闻，民至老死不相往来。

【义贯】

小邦而寡民（非指国土面积小、国力弱、人口少，

而是指国有道，"终不为大"而"能成其大"，"大邦者下流"，

统治者施行无为之治，"不以兵强于天下"，似小实大，大

而不以为大，第76章"道恒无名，朴虽小"，第78章

①　甲本作"车舟"，乙本作"舟车"，高明《帛书老子校注》勘校从乙本
作"舟车"。

"万物归焉而弗为主，则恒无欲也，可名于小"），国家即**使拥有十百人之器**（兵器，指下文之"甲兵"，军队以十、百人共用兵器）**而**闲置**毋用**，这是为什么呢？因国君推行无为之治，轻徭薄赋，老百姓安居乐业，安守本土，**使得民重**（惧怕）**死而远**（避免）离迁**徙**（不用为了生存或躲避战乱而四处迁徙流动），故虽然**有舟车而无所乘之**（闲置不用）。**有甲兵**（十百人之器）**无所陈**（集结）**之**（兵器军队皆用于防护而已，"不以兵强于天下"），民风淳朴，**使民复结绳而用之**（使用结绳这样原始古老的方式记事）而无需订立合同契约。能饱腹即是**甘美其食**，以能保暖为华**美其服**饰，淳朴而快**乐其民俗**，能遮风避雨即**安其居**。无所欲求，是故虽**邻邦相望，鸡狗之声**互**相**能听**闻**，但**民至老死不相往来**（不往来指的彼此不争，此即"我无为而民自化，我好静而民自正，我无事而民自富，我欲不欲而民自朴"，第61章"成功遂事，而百姓谓我自然"）。

【诠释】

圣人以无为之道治国，治大国若烹小鲜，国虽大，犹以为小，俭约而不奢泰。国民虽多，犹若寡少，不欲为大而能成其大，故曰"小邦寡民"。

这样的国家，人君不好征伐，不尚武，不以兵强天下，因此即便拥有备战之军队兵器，却长期闲置不用。人君施行无为之治，轻徭薄赋，老百姓安居乐业，安守本土，知足常乐，不用为了生存或躲避战乱而舟车劳顿四处迁徙流动，故曰"使有十百人之器而毋用，使民重死而远徙"。

因而虽然有舟车等交通工具却闲置不用，有军队而不示人，不逞强、不炫耀、不侵略、不杀戮，唯御敌而已，故曰"有舟车无所乘之，有甲兵无所陈之"。

民风淳朴，使用绳子打结这样原始古老的方式记事而无需订立合同契约，故曰"使民复结绳而用之"。

百姓为腹不为目，不必食用令人口爽之五味，能饱腹即是甘甜之食，故曰"甘其食"。

不用穿华丽衣服，服以能保暖为美丽，故曰"美其服"。

无需奢华，淳朴即是快乐，故曰"乐其俗"。

不必高楼大厦，能遮风避雨即安，故曰"安其居"。

治推上古，道合无为，君民同道体，上下合无为，是故相邻之国、相邻之居，互不争夺，互不侵扰，故曰"邻邦相望，鸡狗之声相闻，民至老死不相往来"。

第三十一章

（通行本第81章）

【经文】

信言不美，美言不信。

知者不博，博者不知。

善者不多，多者不善。

圣人无积，既以为人，己愈有；

既以予人矣，己愈多。

故天之道，利而不害；

人之道，为而弗争。

【义贯】

诚实可**信**之言（合乎无为大道之言，即35章"吾言甚易知""言有君"之"言"）**不美**（华丽、动听），美丽动听之甜言蜜语**不可信**（非合乎大道之言，无君之言）。

悟**知**无为之道**者不博**弄（卖弄，"为学者日益"之"益"）

109

巧智，而喜欢**博**弄（卖弄）巧智**者**则**不能悟知**无为之道。

真正的**善者**（圣人）清心寡欲，想要的**不多**，"执右契而不以责于人"，贪**多者**必定**不**是真正的**善**（圣）人。

圣人无积财（贪，积累财富，第7章"多藏必厚亡"），唯好施与，**既以为人**（舍），**己愈有**（得）；**既以施予人矣**，**己**所得**愈多**（第49章"虚而不屈，动而愈出"，第42章"天之道，损有余而补不足"，第44章"天道无亲，恒与善人"）。

故天之道不积，其体至虚，虽锋利（同第55章"有之以为利"之"利"，非"利益"）**而不伤害**①人（即第21章"方而不割，廉而不刺，直而不肆，光而不耀"，"利"即"方、廉、直、光"，"害"即"割、刺、肆、耀"）；**圣人**②**之道**，

---

① 此处多释为"利益人而不害人"，笔者以为不妥。

② 通行本多作"圣人"，高明《帛书老子校注》引朱谦之云："赵本作'人之道'，无'圣'字，'人'与'天'对"。然高明教授认为"非老子本意，岂不知老子所谓'为而不争'正是指'人之道'言，'圣人之道'乃是无为不争，如第二章'是以圣人居无为之事'……足证老子原作'人之道'，帛书不误，今本'圣'字乃为浅人所增。"笔者亦认为，"圣"字或为后人所增，但"人"当指的是圣人，故高明教授此释值得商榷，第42章言"人之道则不然，损不足而奉有余"，此"损不足而奉有余"即是"为而争"，与此处"为而弗争"明显相悖，故此处虽没有"圣"字，亦当指的圣人，即"人"效法天道（第69章"人法地，地法天，天法道"），"为而不争"之"为"不是指的"有为"，而是

效法天道（第69章"人法地，地法天，天法道"），**为**
（事上拿起）**而弗争**（心上放下，第42章"为而弗有，成功
而弗居"）。

【诠释】

"正言若反"，合乎无为大道之言和世人认知完全相反，
听起来远不如世间之语那样华丽动听，以至于有人听闻而"大
笑之"。相反那些脱离大道之言却听起来非常动听，如同世人
好走小径、邪道而不欲行大道，因为小径、邪道上有财色名
利诱惑，而大道看上去则枯燥乏味。"苦口的是良药，逆耳必
是忠言。"甜言蜜语不靠谱，靠谱的话则不甜，故曰"信言不美，
美言不信"。

修道者日损其欲望而不增长巧智，因而从不卖弄，不以
为自己博学多知；反之善于巧智者则好卖弄，自以为博学多
知，故曰"知者不博，博者不知"。

真正的为善之圣者清心寡欲，清静无为，欲求不多，知
足常乐，故曰"善者不多"。

而欲求多的则非真正的修道之善者，故曰"多者不善"。

圣人只知施与而不求报，只知舍而不求得，不积聚财富，

指的"行为、行事"。高明教授把"为"字局限在"有为"，与"无
为"相对，故而此释不甚通顺。

不欲金玉满堂，然"天道无亲，恒与善人"，圣人不足天将补之，圣人为善天将助之，虽为人、予人而己仍能有余，愈舍而愈得，故曰"圣人无积，既以为人，己愈有；既以予人矣，己愈多"。

天道不积，其体至虚，虽锋利而不伤害人，方而不割、廉而不刺，故曰"故天之道，利而不害"。

圣人效法天道，积极为众人而不争功、不求报，妙行而无助，为而不恃为，故曰"人之道，为而弗争"。

第三十二章

（通行本第67章）

天下皆谓我大，大而不肖。

夫唯不肖，故能大；

若肖，久矣其细也夫。

我恒有三宝，持而保①之。

一曰慈，二曰俭，三曰不敢为天下先。

夫慈，故能勇；俭，故能广；不敢为天下先，故能为成器②长。

今舍其慈，且勇；舍其俭，且广；舍其后，且先，

---

① 帛书甲本缺失，乙本为"王呆"，帛书整理小组及高明《帛书老子校注》皆勘校作"宝"，笔者以为当从通行本作"保"，即保持不失而恒有，以照应前文"恒有"以及下文"舍其慈，舍其俭，舍其后"（即失去）、第34章"无敌近亡吾宝矣"（即不保持而失）。

② 帛书甲本为"事"，乙本为"器"，高明教授《帛书老子校注》勘校从乙本作"器"。

则必死矣。

夫慈，以战则胜，以守则固。

天将建之，如以慈垣之。

【义贯】

天下人**皆谓**（以为）**我**所证悟之道可称名**为大**（第 69 章"字之曰道。吾强为之名曰大""道大"），**大而不**（没有）**肖**（相状），似无所可用。**夫唯**道之体**不肖**（第 58 章"视之而弗见，名之曰微。听之而弗闻，名之曰希。捪之而弗得，名之曰夷……复归于无物。是谓无状之状，无物之象……随而不见其后，迎而不见其首"，此不可见、不可闻、不可捪、无状、无象，即是"不肖"），**故能**称之**为大**。若执着有**肖**（相状），则住相而求，失德而不见道，则**久矣其细**（微小）**也夫**，无论多大，都和小相观待，都是小，哪里称得上大？

我能入道、守道是因为我**恒**常拥**有**三个无为之法**宝**（道），谨慎**持**有此三宝**而保**护使之不丧失（前文"恒有三宝"，第 34 章"无敌近亡吾宝矣"）：**一曰慈**宝，**二曰俭**宝，**三曰不敢为天下先**宝。此三者即观"不肖"而入道之法宝！

夫拥有**慈**悲之宝，**故能勇**而无敌于天下；拥有**俭**朴之宝，如此**故能广**（富有）；**不敢**争**为天下**人之**先，故能为成器长**

（天下之官长，第 67 章"夫唯不争，故莫能与之争"，第 72 章"朴散则为器，圣人用则为官长"，第 29 章"天下乐推而弗厌也"）。

今舍其慈宝**且言勇，舍其俭**宝**且言广，舍其后**宝**且言先，**三宝既舍，必然好胜争强，**则必**为**死之徒矣**（第 41 章"坚强者死之徒也"）。

夫慈宝（第 34 章"祸莫大于无敌，无敌近亡吾宝矣"之"宝"），用之**以战**（如何战？即第 34 章"吾不敢为主而为客，吾不敢进寸而退尺"），**则**战无不**胜，**用之**以守则**城墙、边塞坚**固。**

天将建（成就）**之**（有道之士），**如**（依照）**以慈来垣**（护卫）**之**（第 44 章"夫天道无亲，恒与善人"），亦可见慈宝之重要。

【诠释】

道体之大，犹如虚空，无有头尾边畔、方圆大小、青黄赤白、上下长短，不可计量，无形无状而不可见、不可闻、不可触，却能含藏世间所有日月星宿、山河大地、泉源溪涧、草木丛林，故曰"天下皆谓我大，大而不肖。夫唯不肖，故能大"。

若有形有状而可见可闻可触，则无论多大都有头尾边畔、方圆大小、青黄赤白、上下长短，都可以计量，凡是可以计量，都算是小，哪里称得上大（道）？故曰"若肖，久矣其细也夫"。

从观道之虚妄幻化相（即观"不肖"）下手，不执着我相、人相、众生相、寿者相，方能悟见道体之"大"。

欲修持无为之道，须恒常持守无为三宝，方能入道而恒久不失道，故曰"我恒有三宝，持而保之：一曰慈，二曰俭，三曰不敢为天下先"。

此三宝即观其徼，观道之虚妄幻化相即"不肖"。观我"不肖"（小）而众生"肖"（大），不欲为大，如此便能生起慈悲心，如慈母之养育婴儿，此谓"慈"宝。我既"不肖"（无我），则亦无"我"与人为敌，可谓勇猛之至，故曰"夫慈，故能勇"。

观"不肖"之我轻如鸿毛，而观众生则重于泰山，心常知足，欲求不多，时时惜福，一有所得，舍与众生，此谓"俭"宝，能俭朴则需求不多，需求越少则拥有越多、越富有，故曰"俭，故能广"。

观我"不肖"则物我两忘，超然独立，不与人争。我不与人争，则人亦不与我争，此则谓"不敢为天下先"宝，拥有此宝则近乎入道，道则能随缘起用而为人君治理天下，故曰"不敢为天下先，故能为成器长"。

若舍弃此无为三宝，必然趣入有为之邪道而执着"有肖"，执"有肖"则贪着财色名利而不知止,不知止则有危险(殆);好胜争强,而强梁者必不得其死矣,故曰"今舍其慈,且勇;舍其俭,且广;舍其后,且先;则必死矣"。

此无为三宝中,又以"慈"宝为要,不但学道,即治天下莫不如此,用之以战则战无不胜,用之以守则坚固不失,为何?因以"慈"宝而战、而守,即谓以无为之道善战、善守,即战而无战,守而无守,既能随缘拿起,亦能随缘放下,故曰"夫慈,以战则胜,以守则固"。

有道之人与天道相合,天必以道助之,故天将降大任于有道之士,亦以"慈"宝来助之、护佑之,故曰"天将建之,如以慈垣之"。

第三十三章

（通行本第68章）

善为士者不武，

善战者不怒，

善胜敌者弗与，

善用人者为之下。

是谓不争之德，是谓用人。

是谓配天，古之极也。

【义贯】

善为战**士者**不好动**武**，**善战者**则不轻易嗔**怒**，**善胜敌者**，目的达到即可，**弗**会**与**（"**与**"即争、逞强）。（此三"善"皆与第71章"善行者无辙迹，善言者无瑕谪，善数者不以筹策"及第17章"善建者不拔，善抱者不脱"之"善"同，即不住相、无为。）

真正**善用人者**不与人争而甘**为之下**，则天下自然归附之

（第24章"大邦者，下流也""大者宜为下"，第29章"江海之所以能为百谷王者，以其善下之""欲上民也，必以其言下之"），**是**不武、不怒、弗与**谓不争之德，是**为之下则**谓善用人**之道。

是不武、不怒、弗与、为之下，皆**谓**匹**配**（合乎）天道（第60章"天乃道"，第69章"天法道"），此乃**古**代圣君治国用兵**之极**致**也**。

【诠释】

以"慈"宝用兵，战必胜；然世人用兵，舍慈且勇，唯好"武、怒、争"，死矣！故优秀的军队、士兵不崇尚武力，不得已而动武则善武、善战而非尚武、尚战，故曰"善为士者不武"。

而善战者则不轻易被激怒，不被敌方牵着鼻子走，故曰"善战者不怒"。

平暴之目的达到便适可而止，不会与对方争强斗胜，故曰"善胜敌者弗与"。

此三"善"，皆是柔弱无为不争用兵之道。何独用兵，用人亦然，真正善用人者，如江海之甘居于下，则天下自然归附之，故曰"善用人者为之下"。

此"不武、不怒、弗与"系无为不争之德，故曰"是谓不争之德"。

而"为之下"则是善于用人之道，故曰"是谓用人"。

此"不武、不怒、弗与、为之下"，皆合乎自然无为之天道，此乃古代圣君治国用兵最佳之道，故曰"是谓配天，古之极也"。

第三十四章

【经文】

用兵有言曰：

吾不敢为主而为客，吾不敢进寸而退尺。

是谓行无行，攘无臂，执无兵，乃无敌矣。

祸莫大于无敌，无敌近亡吾宝矣。

故称兵相若，则哀者胜矣。

【义贯】

古之善用兵者有言曰：吾绝无好杀之心，**不敢为主**（造事者）**而为客**（应敌者，第75章"不得已而用之，恬淡为上"），无心于功利而不争，故**吾不敢进寸**（争，取强）**而退尺**，虽不得已用兵，目的达到即可（第74章"以道佐人主，不以兵强于天下"，"善者果而已矣，毋以取强焉"）。此**是谓**善**行**军布阵而**无军**可**行**、无阵可布，善**攘**（甩开手臂相斗）而**无臂**可甩（第1章"则攘臂而扔之"），善**执**兵器相战而**无兵**器可执，

121

行此三者，**乃无人与之为敌矣**。

须知**祸莫大于**好强而自以为**无敌**于天下，**无敌**于天下则好杀伤慈，此则几**近亡失吾之慈宝**（第32章"我恒有三宝"）**矣**，如此则必败，非善用兵者（第32章"今舍其慈，且勇……则必死矣"）。

故称（举）**兵相若**（相当），**则善用兵之哀**（慈）**者必胜矣**（第32章"夫慈，以战则胜"）。

【诠释】

古之善于用兵者，皆不武、不怒、不争，绝无好杀之心，不以兵强于天下，不得已而用之，恬淡为上，无心于功利而不争，不逞强，故曰"用兵有言曰：吾不敢为主而为客，吾不敢进寸而退尺"。

如此善用兵者，亦善于行军布阵，即精勤于行兵布阵而不执着，故曰"是谓行无行"。

善于搏斗，御敌止暴平叛，该出手时就出手，但心不执着，且目的达到即止，故曰"攘无臂"。

善于使用兵器，手中有兵，心中无兵，故曰"执无兵"。

谦退、不敢为人先，不仅自己不主动挑事攻击对方，即便他人欲战、欲斗、欲用兵都找不到敌对一方，天下乃无有人能与之匹敌。此即是持"慈"宝之善用兵者，故曰"乃无敌矣"。

须知最大的灾祸莫过于好强而自以为天下无敌，轻视敌人生命，好杀伤慈而亡失"慈"宝，如此则必败，非善用兵者，故曰"祸莫大于无敌，无敌近亡吾宝矣"。

故两军旗鼓相当，不失"慈"宝之善用兵者必然取胜，故曰"故称兵相若，则哀者胜矣"。

第三十五章
（通行本第70章）

吾言甚易知也，甚易行也；

而人莫之能知也，而莫之能行也。

言有君，事有宗。

夫唯无知也，是以不我知。

知我者希，则我贵矣。

是以圣人被褐而怀玉。

对圣人来说，**吾之言**（大道之理）**甚易知**（悟）**也**（我说的话很容易理解，知易），亦**甚易行**（悟后起修亦易，行易）**也**，**而**天下之**人**（相对于圣人）则**莫之能知**吾言所蕴含大道之理**也**（不易知），**而莫之能**依吾之言奉**行也**（更不易行）。

为何？因为吾之**言有君**（大道），做**事**（行为，甚易行、莫能行之"行"）亦**有宗**（宗即宗趣，喻道，第46章"是以圣人居无为之事")。

夫唯真知乃**无有知**（无"知"，无能知所知，无见闻觉知之"知"，即《楞严经》谓用根不用识，背妄尘合真觉）**也**，**是以**天下人**不我**（圣人）**知**（不知我，不解我所悟之道）。

能知（悟）**我**所言之道**者**甚为**希**有，而能**则**（悟而后修，效法，知行合一）**我**之圣人就更为珍**贵**（贵亦希，所谓"以稀为贵"）**矣**。

是以圣人无知无识如**被**（穿）**褐**（粗布衣服）与人混同，**而怀**内却藏有宝玉（玉即"君、宗"，喻道）。

【诠释】

对圣人来说，无为大道之理易知易修，其身口意皆合于无为之大道，虽说尽千言万语、行遍千山万水、想尽千方百计，终不离道，而能知行合一，故曰"吾言甚易知也，甚易行也"。

而世人则因贪五色、五音、五味而成为盲人、聋子、丧失味觉之人，蒙蔽了真性，遮住了大道！故中士闻道，若存若亡；下士闻道，大笑之。因而看似易知易行，实则大部分天下人都不易知，更不易行，故曰"而人莫之能知也，而莫之能行也"。

圣人易知易行，天下人莫能知莫能行，这是为什么呢？因为我的话里面载有大道，言中有道，话里有话，话不离道，虽千言万语不离道，故曰"言有君"。

圣人身口意三业皆不离大道，何独说话，做事亦然，无论何事皆合乎大道，不能背离无为之道，故曰"事有宗"。

道可知，非常道，道不可以知，若可以知，则非真知，若是真知，则不可知，故曰"夫唯无知也"。

"俗人昭昭，我独若昏呵；俗人察察，我独闷闷呵"，天下人所谓的真知即是有"知"，不知真知乃是无"知"，是以天下人难以解悟无为之道，故曰"是以不我知"。

天下人皆有"知"，背觉合尘，顺流而下；而我独无"知"，背尘合觉，逆流而上。方向不同，彼此不相交叉，又如我在十楼，彼在一楼，故彼不知我所看到的景象。能悟道者甚为稀有，能悟道而后修道、入道者，就更为珍贵了，故曰"知我者希，则我贵矣"。

因而有道之圣人，与凡人混同并无两样，形秽而质真，和光而不污其体，同尘而不渝其真，"贫则身常披缕褐，道则身藏无价珠。"如败絮其外金玉其中而不被人所知所识，故曰"是以圣人被褐而怀玉"。

第三十六章

（通行本第71章）

【经文】

知不知，尚矣；

不知知，病矣。

是以圣人之不病，以其病病，是以不病。

【义贯】

（承上一章）故若能悟**知**道乃**不**可**知**，此等人必为**尚**
（居上）之圣人**矣**（悟道了）而超越世人。若**不**悟**知**真**知**
的真实内涵，这种人就患了"妄知"**病矣**[①]（妄必感"病"
苦，无论空知、有知，知有、知无，均是有所"知"，均是

[①] 蒋锡昌《老子校诂》作"圣人知而不以为知，乃上也，俗君不知而自以
为知，则病也"解，历代注疏也多与此同，笔者觉得失老子本旨，当遵
憨山大师所解。

另，此章可结合《红楼梦》第22回"你证我证，心证意证。是无有证，
斯可云证。无可云证，是立足境"来理解，即道不可言知，无有"知"
方可云知，乃至"可云知"亦无，斯为悟道。

"知"病）。

是以圣人之所以**不会**有妄知之**病**苦，**以其病**（"病"是动词，"以～为病"、"知～为病"，知病之为病）**病**（"病"是名词，指上面说的"不知知"之"知"病。"病病"即知晓"不知知"为病而远离，不堕空有两边妄知之病，行于中道），**是以不会**患妄知之**病**而入于真知。

【诠释】

道本虚无，不可道、不可名、不可得，亦不可知，若言可道、可名，皆非常道，若言可得，皆非真得，若言可知，皆非真知。故若能悟知道乃不可知，离物绝待，无有能知之心和所知之道，方是真知，此等人必为上等之悟道圣人，故曰"知不知，尚矣"。

因世人不知道乃不可知、无所知，其自以为有所知者，皆是妄知。因此若不悟知真知的真实内涵，误以为知"道"要么是"有知"（强知），本所不知，而强自以为知；要么是断灭之"无知"（空知），同于草木石头，患执空之病，消极懒惰。此二者皆系背道合尘之妄知，非返闻照性之真知，这种人就患了"妄知"之病，从而烦恼丛生，故曰"不知知，病矣"。

圣人不会有妄知之病苦，为何？因为圣人知妄知为病而远离，不堕空有两边妄知之病，行于中道，因此不会患妄知之病而入于真知，即知病即愈，如知幻即觉，知梦即醒。《庄子·庚桑楚》："南荣趎曰：'里人有病，里人问之，病者能言其病，然其病病者，犹未病也。'"即真正的病是不知道自己有病；知道自己有病，意味着病已经痊愈了，故曰"是以圣人之不病，以其病病，是以不病"。

第三十七章

【经文】

民之不畏威，则大威将至矣。

毋狭其所居，毋厌^①其所生。

夫唯弗厌，是以不厌。

是以圣人自知而不自见也，自爱而不自贵也。

故去彼取此。

【义贯】

若**民之不畏**小**威，则大威**（天灾人祸等果报）**将至矣**（莫以恶小而为之）。

毋狭（使之狭隘、压榨、削减）**其**（色身）**所居**之空间，**毋厌**（"厌"即餍，饫甘餍肥，贪着）**其所**赖以滋

---

① 帛书整理小组作"厌"，高明《帛书老子校注》勘校作"压"，笔者觉得不合老子本意，应从整理小组作"厌"，下文"夫唯弗厌"之"厌"亦然。

养**生**之声色货利。

夫唯圣人**弗厌**其所生（"弗厌"即前文"毋厌"，即少私寡欲，不嗜欲养生），**是以不会被道所厌**[1]**弃**（即不偏离无为之大道）。

是以圣人自知（清心寡欲）**而不自见**（炫耀，有为多欲）**也，自爱**（爱道，清心寡欲）**而不自贵**（自以为贵，傲慢，有为多欲）**也**。

故去彼（自见、自贵，有为）**取此**（自知、自爱，无为）。

【诠释】

莫轻小恶以为无殃，水滴虽微，渐盈大器。世人贪着财色名利，不畏因果，心无厌足，惟得多求，增长罪恶，所造恶虽小，但却必然会感召天灾人祸等大果报，故曰"民之不畏威，则大威将至矣"。

若贪着财色名利，欲富贵满堂，压榨"身"所居之空间，则身必不堪重压，故曰"毋狭其所居"。

---

[1] 关于"不厌"，高明《帛书老子校注》取朱谦之注疏："夫唯为上者无压笮之政，是以人民亦不厌恶之也。"蒋锡昌亦释为："夫唯人君不压笮其所生者，是以其生清净不殆，不受压笮之害也。"

笔者觉得，"夫唯"二字要紧，系承接上文之"毋厌"，故下文"不厌"之"厌"不应释为"压"（即上对下压迫），而应为"厌弃"，即被道所厌弃。

　　亦不要饫甘餍肥，贪着声色货利以厚养滋生，而应少私寡欲，清静无为，为腹不为目，故曰"毋厌其所生"。

　　为何？因为"五色使人之目盲，驰骋田猎使人心发狂，难得之货使人之行妨，五味使人之口爽，五音使人之耳聋"。

　　有道之圣人少私寡欲，不嗜欲养生，因此不会偏离大道，不会被道所厌弃，故曰"夫唯弗厌，是以不厌"。

　　是以圣人清静无为，知"道"而不以为自己有知；爱养身体、珍惜名节以修道而不自以为贵，故曰"是以圣人自知而不自见也，自爱而不自贵也"。

　　其不欲自见、自贵之有为，而欲自知、自爱之无为，故曰"故去彼取此"。

第三十八章
（通行本第73章）

勇于敢者则杀，勇于不敢者则活。

此两者或利或害，

天之所恶，孰知其故？

天之道，不战而善胜，不言而善应，不召而自来，

坦而善谋。

天网恢恢，疏而不失。

【义贯】

若**勇于敢**（坚强）**者，则**易被**杀**而死（死之徒）；**勇于不

敢**（柔弱）**者，则**反而能**活**（生之徒）。

此两者，同样是"勇"，**或利**（勇于不敢则活）**或害**（勇

于敢则死），勇虽同，但结果迥异！

"**勇于敢**"（坚强）为**天之所恶，孰知其故**（这是什么原

因呢）？

133

因为**天之道**，**不战**（勇于不敢，无为）**而善**于取**胜**，**不**用执着**言**说（勇于不敢，无为，第68章"希言自然"，第6章"不言之教，无为之益"）**而善**于得到感应。天道如江海，"执大象，天下往""天下乐推而弗厌"，故**不**用征**召**（勇于不敢，无为）**而**百川**自**然前**来**汇入。**坦**（安然，勇于不敢，无为）然**而善**于**谋**划。

道之广大如**天**布下巨**网**之**恢恢**（宽广），看似稀**疏而绝不**会让人错**失**（逃脱）天道处罚。

【诠释】

若不怕死、无敬畏心而勇于好为强梁者，则易死；反之，有敬畏心而勇于柔弱不争者，则易活，故曰"勇于敢者则杀，勇于不敢者则活"。

此两者，同样是"勇"，一死一生，结果迥异！故曰"此两者或利或害"。

"勇于敢"之坚强为天所恶，这是什么原因呢？故曰"天之所恶，孰知其故？"

谦受益、满招损，天道亏损盈满而益补谦和，贵柔弱不贵强梁，贵卑下不贵高大，贵不足不贵有余，自然无为之天道，不好争而天下莫能与之争，不好征战而自然无人与之战，故曰"天之道，不战而善胜"。

与天道相合，则无需多言而能与天感应（天人感应），故曰"不言而善应"。

天道如江海甘居于下，因此不用号召天下自然前来归附，故曰"不召而自来"。

无执着之心谋划而实则善于谋划，无心插柳则柳成荫，故曰"坦而善谋"。

此"不战、不言、不召、坦"即是居有观无，心上放下，不执有，即是"善"；"胜、应、来、谋"即是居无观有，事上拿起，不执空。

祸福无门，唯人自召，善恶之报，如影随形，天道昭昭，毫发不遗，道之广大如恢宏之天网，看似稀疏，但却没有人能够逃脱天网的惩罚，故曰"天网恢恢，疏而不失"。

第三十九章

【经文】

若民恒且不畏死，奈何以杀惧之也？

若民恒且畏死，而为奇者吾得而杀之，夫孰敢矣。

若民恒且必畏死，则恒有司杀者。

夫代司杀者杀，是代大匠斫也。

夫代大匠斫者，则希不伤其手矣。

【义贯】

若人君弃守无为之道，好尚严刑峻法，以死刑威慑民众，则**民**弥贫，愈贫则胆愈大，**恒**（通常情况）**且不畏惧死**（生不如死，故不畏死），如此之民甚多，**奈何以杀惧之也**（杀之无益，反而伤慈）？

若人君守道无为，民安居乐业，而使多数**民恒**（通常情况）**且畏惧死**（民畏死，杀一儆百，杀之方有益），**而**对于少数不受感化而**为奇**（为非作歹，恶贯满盈）之不畏惧死**者**，吾（下文司杀者）**得而杀之**，则足以禁天下之暴，**夫孰**再**敢**为非作歹**矣？**

若民恒且必畏死[1]（有犯罪按律必死者），天道无言，天网恢恢，疏而不失，**则恒有司杀者**司察人之罪过，赏罚不遗。

夫人君不能清静无为，专赖严刑峻法而欲操生杀之权，则是代天而杀，而欲替**代司杀者**天道而**杀**按律必死者，则**是**如同笨拙工匠**代替大匠**（天道）**斫**（杀）**也**。

夫笨拙工匠技艺远逊于大匠，却要**代替技艺高超的大匠斫者**（人君），**则希**（很少有）**不伤其手矣**。

【诠释】

人君弃守无为之道，好尚严刑峻法，以酷刑、死刑威慑民众，然"天下多忌讳，而民弥贫"，民贫困以致生不如死，则不惧怕死，揭竿而起，如此之民甚多，杀之无益，反而伤慈，天下亦越来越难治，故曰"若民恒且不畏死，奈何以杀惧之也？"

---

[1] 按高明《帛书老子校注》，本章"不畏死""畏死""必畏死"三层意义条理分明，其中"不畏死"与"畏死"之"畏"意义相同，即"惧怕"，民"不畏死"指官府刑法酷苛而民不聊生，因生不若死，所以死而不惧，故曰"奈何以杀惧之"。民"畏死"指教民以道，安居乐生，倘有诡异乱群者，以法执而杀之，故谓"夫熟敢矣"。而"必畏死"之"畏"则与前两个"畏"字意义不同，乃谓犯罪当死之义。

若人君守道无为，民安居乐业，多数民皆畏惧死，对于少数不受感化而为非作歹、恶贯满盈之不畏惧死的，若处之以极刑，杀一儆百，则足以禁天下之暴，谁还敢再为非作歹？故曰"若民恒且畏死，而为奇者吾得而杀之，夫孰敢矣"。

天道无言，天网恢恢，疏而不失，若有犯罪按律当处以极刑者，"天道从容定主张"，故曰"若民恒且必畏死，则恒有司杀者"。

天生天杀，赏罚不遗，不劳世人操心。若人君不能清静无为，专赖严刑峻法而欲操生杀之权，则是代天而杀，所谓替天行道。此等欲代替天而杀者，如同笨拙工匠代替能工巧匠（天道）砍削，故曰"夫代司杀者杀，是代大匠斫也"。

人君守道无为，不可取天道而代之，天道好生，若好杀则伤"慈"宝，背离天道，必遭果报，灾及其身。笨拙工匠技艺远逊于能工巧匠，却要代替其砍削，如此很少有不会自伤其手的，故曰"夫代大匠斫者，则希不伤其手矣"。

第四十章

【经文】

人之饥也，以其取食税之多也，是以饥。

百姓之不治也，以其上有以为也，是以不治。

民之轻死，以其求生之厚也，是以轻死。

夫唯无以生为者，是贤贵生。

【义贯】

人之所以**饥**寒**也，以**（是因为）**其**人君多欲而收**取粮食税**赋之过**多也**，如此老百姓便不堪重负，**是以饥**寒。

百姓之不易统**治也，以其上有以为**（背离无为之大道，好巧智，第28章"以智治邦，邦之贼也"）**也，是以不治**（有为则民难化难治，无为则易治，第20章"我无为而民自化"，第47章"弗为而已，则无不治矣"）。

民之为财而**轻**（轻视、不惧怕）**死**（第39章"民恒且不畏死"），**以其求生**（"生"即养生，资生之财，物欲）**之厚也**

139

（贪求富贵荣华），**是以轻死**（人为财死）。

夫唯无以有生可为（"为"即为了养生而贪求资生之财，无以生为即求生之"薄"，相对于上文求生之"厚"，即第13章谓"善摄生者"）**者，是贤**（胜过）富贵豪华之**贵**（重视，以为贵）**生**[①]（视生为贵而贪求养生之财，贪图享受，即第18章"益生曰祥"之"益生"，亦即上文"求生之厚"）。

【诠释】

若人君多欲，多欲则花费必大，花费大则加重苛捐杂税，如此老百姓便不堪重负，忍饥挨饿，故曰"人之饥也，以其取食税之多也，是以饥"。

以无为之道治国，则国必易治。若人君背离无为之大道而好有为之巧智，以智治国，乃国之贼，如此国家必然难于治理，故曰"百姓之不治也，以其上有以为也，是以不治"。

"取食税之多、上之有以为"，皆是以智治国，皆是有为。治国如是，养生亦然，譬如为养生而贪求富贵荣华，穷奢极欲，骄奢淫逸，立天子置三卿，拱璧以驷驷马，甚至连死都不怕，故曰"民之轻死，以其求生之厚也，是以轻死"。

世人所谓"养生"，皆是"养身（幻身）"而不养"性"，

---

① 憨山大师开示说，《庄子》"养生主""马蹄""胠箧"诸篇，即是此处注解。

与无为之道相悖。"取食税之多、有为、求生之厚",皆是世人所谓之"养生",皆有"生"(身之生)可养,皆非"道"!唯有不执着五蕴幻身,不养生而养性,方是真正的养生,方是"善摄生者",方合乎无为之道,如第57章所言"及吾无身,有何患"。此等真善于养生者,远胜过视生为贵、贪图享受、不惜贪求养生之财者,即养性胜过养身,故曰"夫唯无以生为者,是贤贵生"。

第四十一章

（通行本第76章）

人之生也柔弱，其死也筋朋坚强。

万物草木之生也柔脆，其死也枯槁。

故曰：坚强者死之徒也，柔弱者生之徒也。

兵强则不胜，木强则恒^①。

强大居下，柔弱微细居上。

【义贯】

人之生也柔弱（第18章"骨弱筋柔"），**其死也筋朋**
（韧）**坚强**（人死后尸体变得僵硬）。

万物草木之生也柔脆，**其**（万物草木）**死也枯槁**（干枯）。

---

① 帛书甲本作"恒"，乙本作"競"，按高明《帛书老子校注》，
  "恒""競"互假，此处当假借为"烘"（燆，燃烧），即树木强大了就
  会被砍伐而放入炉子当柴烧（烘）。笔者认为此说欠妥，盖因古代大树
  多被用作建筑（栋梁）而非当柴烧，故而当从熊春锦《老子德道经》作
  "恒"（通于"横"），指大树被砍倒横陈状。

142

故曰：坚强者死之徒（短命一类）**也**（强梁者不得其死）；**柔弱者生之徒**（长寿一类）**也。**

兵喜欢争强则不胜，木太强壮了**则会被砍倒而恒**（"恒"通横，与"竖"相反，大树被砍倒横陈状，即死之徒，"竖"则是生之徒，木强则横，木弱则竖）。

强大乃死之徒故居下（非谦下而主动居下）**而为贱，柔弱微细乃生之徒故居上**而为尊。

【诠释】

心平则气和，气和则精固，精固则神安，神安则"柔弱"而生机勃勃，故曰"人之生也柔弱"。

反之，若心不平则气散，气散则精溢，精溢则神乱，神乱则死气沉沉，"僵硬"如人死后之尸体，故曰"其死也筋肕坚强"。

大自然之草木乃至万物，亦如人一样，柔弱者，生机勃勃，坚强者，干枯而死，故曰"万物草木之生也柔脆，其死也枯槁"。

坚强者易短命而早亡，柔弱者可长寿而生，故曰"坚强者死之徒也，柔弱者生之徒也"。

如历史上一些国家好穷兵黩武、好战、好强之所谓强者，最终必败。树木太强壮了就会被砍倒横陈而为死之徒，故曰"兵强则不胜，木强则恒"。

可见强大乃死之徒，故当视为下贱之类而厌弃不取；柔弱微细乃生之徒，故当以为上而尊，故曰"强大居下，柔弱微细居上"。

第四十二章

(通行本第77章)

【经文】

天之道，犹张弓者也，

高者抑之，下者举之；有余者损之，不足者补之。

故天之道，损有余而补①不足。

人之道则不然，损不足而奉有余。

孰能有余而有以取奉于天者乎？唯有道者乎。

是以圣人为而弗有，成功而弗居也。

若此其不欲见贤也。

【义贯】

天自然**之道**，无为无私，无私则均，**犹张弓**之道**者也**，

高者抑制（平抑）而使之下，**下者举**而使之上，**有余者**减损之，

---

① 此处帛书甲本残损，乙本作"益"，高明《帛书老子校注》勘定后与通
行本同作"补"。

不足者弥补之，从而调和可为用。

故天之道，**损有余**之富者**而**益弥**补不足**之穷者，使之趋于均衡（高者抑之，下者举之）。

人之道则不然，反天之道而行之，**损不足**之穷者**而奉**献给**有余**之富者。

孰能损有余而补不足，**而有以**（以此）**取奉**（法）**于天**（以天为模范，效法天之道）**者乎？唯有道**之圣**者乎**（第31章"圣人无积"）。

是以圣人效法天道，**为**（损有余而补不足）**而弗有**求于受施者回报，**成功而弗居也**（有功而不居功）。

若此其（圣人）**不欲人见己之为贤也**[①]（"不欲见贤"即是"为而弗有""成功而弗居"，佛法谓不住相布施），如此方合乎天之道。

【诠释】

自然无为之天道，视万物为刍狗，施而不受，给予而不求回报，无为无私，无私则公平而自然均调，犹如张弓之道一样：高了就平抑而使之下一些，过于低了就使之上一些，有剩余的就减损一些，不足的就拿有余的来弥补，从而使之

[①] 苏辙释"为而恃、成而处，则见贤于世；贤见于世，则是以有余以自奉也"，亦佳。

趋于均衡，均衡调和则可为用，故曰"天之道，犹张弓者也。高者抑之，下者举之；有余者损之，不足者补之"。

故天之道，剥夺有剩余之富者而弥补不足之穷者，使之趋于均衡，如管子云："斗斛满则人概之，人满则天概之。"故曰"天之道，损有余而补不足"。

而人之道则反天之道而行之，剥削不足之穷者而奉献给有余之富者享用，高者举之，下者抑之，受而不施，损天下百姓之不足以奉一己之私欲，使得强者更强、弱者更弱，富者更富、穷者更穷，故曰"人之道则不然，损不足而奉有余"。

能效法天道，减损有余而弥补不足的，唯有道之圣人，故曰"孰能有余而有以取奉于天者乎？唯有道者乎"。

因此圣人效法天道，有无并立，妙徼齐观，拿起与放下不二，施与而不欲受施者回报，有功而不居功，贤而不以为贤，故曰"是以圣人为而弗有，成功而弗居也。若此其不欲见贤也"。

第四十三章

【经文】

天下莫柔弱于水，而攻坚强者莫之能胜也，以其无以易之也。

柔之胜刚，弱之胜强，天下莫弗知也，而莫能行也。

故圣人之言云，曰：

"受邦之垢，是谓社稷之主；

受邦之不祥，是谓天下之王。"

正言若反。

【义贯】

天下莫（没有什么能）柔弱于水，虽然柔弱，而攻坚克强者莫之能（没有能）胜过它也（第6章"天下之至柔，驰骋于天下之至坚。无有入于无间"），以其无以（能）变易①

---

① "易"憨山大师作"轻易"，高明《帛书老子校注》作"变易"，笔者

148

（改变）**之也**（水击之无创，刺之不伤，斩之不断，焚之不燃，唯往低处流，至柔至弱，天下无有可以能令水改变其性之物）。以水性至**柔之胜刚**，至**弱之胜强**，这一点**天下莫弗知**（知易）**也，而莫能行**（行难）**也**。

故深谙水之道的**圣人之言云，曰：受邦之耻垢**（"垢"即第72章云"知其荣，守其辱"，乃至曲、枉、洼、敝、少、雌、贱、损、啬、慈、俭、后、下、孤、寡、不谷等众人之所厌恶者，皆是垢）而后方能清静无为以道化民，如此乃可真**是谓社稷之主；受邦之不祥**（同前"垢"），**是谓为天下之王**。

圣人之合乎大道之**正言**（真理）世人不知，**若为反**（谬论，即真理往往听起来像是谬论，受邦之垢、不祥，乃至本经中"曲则全、枉则直、洼则盈、敝则新、柔弱胜刚强"等，皆是"正言若反"）。

【诠释】

天下没有什么能比水更柔弱，虽然柔弱，但却可以胜天下之至坚，而至坚却不能战胜至柔之水，如以硬击水而无创，刺之而不伤，斩之而不断，焚之而不燃，唯往低处流，至柔至弱，普天之下无有可以能令水改变其性之物，故曰"天下

从高明作"变易"。

莫柔弱于水，而攻坚强者莫之能胜也，以其无以易之也"。

柔弱胜刚强，这个道理天下人皆知，唯要做到则很不易，可谓知易行难，故曰"柔之胜刚，弱之胜强，天下莫弗知也，而莫能行也"。

这是为什么呢？因为世人好强，不甘如水一样柔弱而受到垢辱。因此深谙水之道的圣人有言云：能甘心忍受国家之垢辱、能修持安忍而后以清静无为之道化民者，乃真是谓社稷之主、为天下之王，故曰"故圣人之言云，曰：受邦之垢，是谓社稷之主；受邦之不祥，是谓天下之王"。

圣人合乎大道之言，世人难知难行，甚至还会听闻而"大笑之"，因其真理往往听起来像是谬论，受邦之垢、不祥，乃世人所恶，都是反，但却是圣人所喜，是正。表面看来是反，实质是正，如"苦其心志，劳其筋骨，饿其体肤，空乏其身"，此等皆是反，孰知这是天将降大任于斯人之先兆，是正，在世人看来却像是反，故曰"正言若反"。

第四十四章

（通行本第79章）

【经文】

和大怨，必有余怨，焉可以为善？

是以圣人执右契，而不以责于人。

故有德司契，无德司彻。

夫天道无亲，恒与善人。

《德》三千卅一①

【义贯】

帮助他人调和（降伏）了大的怨气（烦恼）而有责报之心，若未得回报，则自己内心必会有生起余（另外的）怨气（烦恼，嗔恨心，为而恃，成功而欲处），这种人焉可以为善（为善而欲求报，善处即是恶根）？

————

① 本章是帛书本《德》经最后一章，乙本有"《德》三千卅一"（甲本无），即《德》经部分共三千零四十一字。卅，四十。

是以圣人则不一样，和大怨而无余怨，虽然**执**持收款之**右契**（借据、和大怨），**而不以责**（要求）**于**债务**人**履行还款责任（无余怨），这样的人方可以为善。

故有德之圣人**司**持**契**而不以责于人（给予而不求报，执右契而不责于人），**无德**之世人则**司**（主、征收）**彻**（税收，司彻即好索取，无论是否执右契都责于人）。

夫天道无亲疏之别，不用担心和大怨而无回报，会**恒**常给**与**合乎天道，执右契而不责于人，和大怨而不求报之**善人**回报。

《**德**》经共计三千零卅（四十）一字

【诠释】

帮助了他人而认为"卖"了个人情给对方，或者对方欠自己一个人情，理所当然要求对方应感恩或者回报自己。如果对方却不感恩、不予回报或者回报少了，则自己内心必然会有怨气，甚至生嗔恨心而报复，故曰"和大怨，必有余怨"。

这种人行善的目的只不过是为了"交易"，是为了得到好处，为善而欲求报，如为善而急人知一样，善处即是恶根，这种人哪里是在行善呢？故曰"焉可以为善？"

　　有道之圣人则不一样，既能拿起，亦能放下，广行财布施、法布施、无畏布施而不住，修善而能离相，为善而不欲人知，虽然帮助了他人而不求报，不觉得对方欠自己人情，和大怨而无余怨，如同手里拿着借据、欠条而不要求对方还款，这样的人方可以为善，故曰"是以圣人执右契，而不以责于人"。

　　故有德之圣人唯给予而不求报，无德之人则刚好相反，唯好索取，其施与目的乃是为了获得更大回报，甚至不施与而责报，故曰"有德司契，无德司彻"。

　　道之体无亲疏、贵贱、利害之别，故天道不会刻意亲近或者疏远某人，因此不用担心布施而无功德，为善而无回报。执右契而不责于人、和大怨而不欲人知、不求报之善人，因其合乎天道，虽失于人，而终会得于天，如《了凡四训》云："为善而人不知，则为阴德。阴德，天报之。"故曰"夫天道无亲，恒与善人"。

道经

第四十五章
（通行本第1章）

道，可道也，非恒道也。

名，可名也，非恒名也。

无名，万物之始也；

有名，万物之母也。

故恒无欲也，以观其妙；恒有欲也，以观其
所徼[1]。

两者同出异名，同谓[2]玄之又玄，众妙之门。

---

[1] 帛书整理小组作"嗷"，高明《帛书老子校注》勘校作"徼"，与通行
本同。

[2] 帛书整理小组及高明《帛书老子校注》均断句为："两者同出，异名同
谓，玄之又玄。"笔者认为当作"两者同出异名，同谓玄之又玄"断
句，于义方通畅。

【义贯】

凡言清静无为恒常之**道可**以**道**（言说）**也**，则可以言说之"道"，皆**非恒**常之**道也**①。

道本无名，若言有**名**且**可**以强为之**名**曰"道"者**也**，皆是假名，皆**非恒**常道之**名也**。

无（空，如0）**名**（此"无名"亦是名），乃是**万物**（如n）**之始也**（从0到1，再从1到n。因为万物n从"有"1生，而"有"1则从"无"0生，故"无"0乃是万物n之始，如第5章"道生一"，第15章"天下有始"，《楞严经》谓"迷妄有虚空，依空立世界""有漏微尘国，皆依空所生"）；而无所生之**有**（如1，无生有即从0到1）**名**乃道之用，此即是**万物**（如n）**之母也**（如从1到无穷n，万物皆从"有"之世界生，第5章"三生万物"，《楞严经》谓"想澄成国土，知觉乃众生"）。

故恒居无则**无欲**（"无名"则无相，无相则无欲，）**无求也**②（居无则无欲无求），**当以观其**（道）**妙**有、妙用

---

① 此处可结合《楞严经》"见见之时，见非是见，见犹离见，见不能及"理解，即"道道之时，道非是道，道犹离道，道不能及"。

② 帛书甲乙本均有"也"，故"无欲""有欲"当连读，即"恒无欲也，以观其妙"，而非"恒无，欲也以观其妙"。

另，按蒋锡昌《老子校诂》，"老子谓'无欲'，有二种意义：一为无

（居无观妙，道虽虚无，却能生万物，此谨防落入断灭空消极懒惰而不能起妙用）；**恒**居有则于声色货利**有欲**求**也**（"有名"则有相，有相则易住相而执着财色名利，故曰"有欲"，第81章"化而欲作"），当**以观其**（声色货利等名相）**所徼**（"徼"即尽处、边际，"所徼"即被边界所限制，"观其所徼"即观生灭无常）而少私寡欲（即第47章"虚其心，实其腹，弱其志，强其骨。恒使民无知无欲也"，第63章"少私而寡欲"），以入清静无为之道。道本无"徼"，无有边界限制（第58章"随而不见其后，迎而不见其首"），有"徼"即有边界，有边界所束缚则不自在；有边界则有生有灭，有生有灭则必定是虚妄无常之相而非恒常之道。故观其所徼，即观其边界之虚妄生灭而入自在无碍、不生不灭恒常之道。与第81章"化而欲作，吾将镇之以无名之朴"同。

"无"与"有"**两者**皆**同出**于道之体而**异名**（名字不同，如孪生兄弟）谓（很）玄（妙），毕竟**同**（此"同"与"同出

名时期之无欲，此完全无欲者也；一为有名时期人类之无欲，此乃十九章'少私寡欲'之意，非将欲望完全灭绝也。"笔者觉得，第一类"无欲"乃是相对于无名无相、空无所有之外境而言，既然一切皆无，则易消极懒惰，此"无欲"乃是断灭无，不能入老子之妙道。而居有观无，不灭相不坏相，于相而不住相，在相中超越，即"少私而寡欲"，此方谓入老子妙道之方。

异名"之"同"不一样，又进一层，指的毕竟相同，即就
是一个东西，不是二）则**谓玄**（世人皆认为"有、无"不同，
今则得知"有、无"原来相同，故觉"玄"）**之又**（更）**玄**
（即毕竟同，"有、无"虽然完全相同，但毕竟是两个东
西，今则告知"有、无"其实就是一个东西，故曰"又玄"，
更玄！世人看来两个完全不一样的东西，今得知完全相同，
就已经觉得很玄妙了；若再得知两个东西其实就是一个东
西，岂非更玄妙！"有、无"皆生于虚无，不但无"有"，
亦无"无"，太玄了！），悟此毕竟同即是悟入天下万**众**
（万物）**妙**道**之门**径（入道之方）。

道德经	楞严经	色与空
道，可道也， 非恒道也。 名，可名也， 非恒名也。	元明照生所， 所立照性亡。	晦昧之空
无	迷妄有虚空	（顽虚）空
有	依空立世界	（不空）色
万物	想澄成国土， 知觉乃众生。	无情与有情

憨山大师开示说，要读懂《道德经》，需要精透《楞严经》，笔者深以为然，尤以第一章为甚，若结合《楞严经》，更易理解老子本旨，故简单列表如上。

【诠释】

本章系《道德经》第一章，主要宣说：1. 道之体；2. 入道与守道功夫。

所谓道之体，如未经加工的原木，无相无名，不可言说。而道之相（用），则是以原木制作的各种家具木器。又如水与波，波是相（用），而其体则是水；如春是道，万紫千红是相（用）。道由相显，相不离道，道之体不可见、不可闻、不可说、不可名，可见、可闻、可说、可名的都是相。

而所谓"恒道"，就是永恒不变的道，不随外缘变化而变化。道即路，路有两边，道路会拓宽或者变窄，故非常道。乃至于中道，亦是基于左右的中道，亦非恒常，非常道，为何？譬如道路拓宽或维修改建，则左右两边（是非善恶美丑标准）随时在变，则中道亦在变。这个中道是"身不由己"，是随两边变化而变化。而所谓"独立自主"，则如太阳本身是明亮的，没有任何外在力量能令其亮，亦无外缘能令其熄灭，此即"恒明"；月亮虽有圆缺，但月球之球体不被外缘改变而"恒圆"，此即"恒常"。

六祖说，"蕴之与界，凡夫见二，智者了达其性无二。"此"无二"之中道，即是"道"。所谓无二者，不是既无左边，也无右边，而还有个"中间"，须知中间是与"左右"两边相对待的，没有左边，中间就变成了左边；没有右边，则中间又成了右边。从南向北西为左，东为右；从北向南则西复为右，东复为左。故此左右对待之"中道"皆非"恒道"，随外缘变化而刹那生灭。真正的恒道，是没有左右对待之中道，左右都没了，哪来的中间呢？此"中间"（道）实无形无相，如虚空，故曰"道，可道也，非恒道也。名，可名也，非恒名也"。

按憨山大师所释，老子所谓之道，即是唯识学所谓第八识（阿赖耶识），如看上去不动的流水，《楞严经》谓："此湛非真，如急流水，望如恬静，流急不见，非是无流。"或印度外道所归之"冥谛"，《楞严经》谓："分别都无，非色非空，拘舍离等，昧为冥谛。"此既非色界（四禅天）定，亦非空界定，类似八定后三定，随尘起灭之见闻觉知嗅尝不起，六识不缘六尘，能分别之心，所分别之境，悉皆寂然，故第58章云"视之而弗见，听之而弗闻，捪之而弗得"，唯留独头意识，缘法处半分灭尘。法处灭尘境界，已离六尘粗相，故非色；犹有寂静细境，故非空。此仍有寂静之相，故非静极，若静极则净，至净极则光通达，"寂照含虚空，却来观世间，犹如梦中事"，是故"庄生晓梦迷蝴蝶"：庄子不知道自己是蝴蝶梦见了庄子，还是自己是庄子梦见了蝴蝶，因为庄子只悟到老子所谓之"道"，尚没有醒来（了生死）。

道体至虚，不但无"有"，连"无"亦无，即"有、无"之名亦无。从至虚无"有、无"之道体，生出"有、无"之假名，其中先生出"无"，即无形之虚空，《楞严经》谓"迷妄有虚空"。无形之虚空再生"有"（有不可能生有，须假无方能生有，所谓无中生有），"有"即由地水火风或者金木水火土和合而成之有形世界，释门称色法，即《楞严经》谓"依空立世界""有漏微尘国，皆依空所生"，从有形世界之"有"又生出万物，包括有情众生和无情之山川大地，即《楞严经》谓"想澄成国土，知觉乃众生"，故曰"无名，万物之始也；有名，万物之母也"。

而对于入道与守道功夫，则是"有无并立，妙徼同观"。所谓有，是幻有，《心经》谓"色不异空"，凡所有相，皆是道所生，虚生虚而不可能生实，道体虚无，故道所生之相亦虚无。一切有为法就其相而言，都是虚妄幻化之相，因缘和合而有，因缘消散而亡，当因缘离散之时，哪里还有呢？如此"居有观无"，即观其"徼"、观无常、观"一切有为法，如梦幻泡影，如露亦如电"，此乃是防执着虚幻之假相，有执着就有痛苦，就有烦恼，此即善于（心上）放下。而所谓无，则是即有之无，并非一无所有之断灭空，此即是勇于（事上）拿起，勇于担责，《心经》谓"空不异色"，虽然万法皆是道所生之幻相，但相毕竟还是有的，如此"居无观有"，即观其"妙"。道虽虚无但能生万物，此乃是防落入断灭空，消极懒惰，不负责无担当，所谓"不以物喜，不以己悲"，啥事都"无所谓"，故曰"故恒无欲也，以观其妙；恒有欲也，以观其所徼。"

"有""无"皆出于道之体，本质一样，唯名称不同而已，如同金项链和金戒指，本体都是金；冰与雪名相不同，但都属于水（H2O），故曰"两者同出异名"。

有是即无之有，无是即有之无，"有、无"本体毕竟相同，世人皆认为"有、无"不同，今则告知"有、无"原来相同，故称很"玄"妙，如蜗牛双角，一只名"有"角，一只名"无"角，此两只角完全一样，即"有不异无，无不异有"，此即"玄"。

然"有、无"虽然完全相同，但毕竟是两个东西，今则告知"有、无"不是两个看似相同的东西，其实就是一个东西。世人看来两个完全不一样的东西，今得知完全相同，就已经觉得很玄妙了；今再得知两个东西其实就是一个东西，岂非更玄妙！如水与波，风吹波起，名"有"；风停波灭，名"无"，然本体皆是水，水即是波、波即是水，水波不二，即

"有即是无，无即是有"。"有、无"皆生于虚无，不但"有"虚无，"无"亦虚无，太玄了，故曰"同谓玄之又玄"。

此居有观无，居无观有，有无并立，妙徼齐观，观有、无毕竟同，即是悟入天下万物如此玄之又玄妙道之法门，故曰"众妙之门"。

既然大道无形，既玄又妙，如何才能入道呢？须知道之体，唯有透过有形之相用才能趣入，才能见"道"。不执可道可名之"相"，即见"大道"。道之体虽然不可说不可名，但相用可说可名，从可说可名之相用上观，才能入不可说不可名之道（体）。也就是"道在世间"，庄子谓道在稊稗，道在屎尿。老子所谓忘世，亦是在入世中忘世，是在世而忘世，非灭"世"（相）。此即为何《道德经》是入世法宝，处处教导世人如何为人处世。若能世事洞明，人情练达，则近道矣！如憨山大师谓"将世事一一看破，人情一一觑透，虚怀处世"，"不得已而应世，则不费一点气力"。

简要言之，"事上拿起，心上放下"，这八个字，即是入道与守道功夫！

第四十六章

（通行本第2章）

天下皆知美之为美，恶矣；皆知善，斯不善矣。

有无之相生也，难易之相成也，长短之相形也，

高下之相盈也，音声之相和也，先后之相随，恒也。

是以圣人居无为之事，行不言之教。

万物作而弗始也，为而弗恃也，成功而弗居也。

夫唯弗居，是以弗去。

【义贯】

天下（世人）皆只知（分别执着）美之为美、丑之为丑，

而不知美与丑同出于虚无之大道，美丑本无，却虚妄分别执

着，此乃恶（不悟道、妄知）矣；皆知（分别执着）善（之为善）、

恶之为恶，不知善恶本空，斯不善（不悟道、妄知）矣[1]。盖

---

[1] 此处可结合王阳明"心学四诀"之"无善无恶心之体"以及《六祖坛
经》之"不思善、不思恶"来理解。

因从道之体而言，有与无"两者同"（第 45 章"两者同出"），乃至丑与美、善与恶亦同，并无区别。

故名则有**有无之相**对待而**生也**，事则有**难易之相**对待而**成也**，物则有**长短之相**对待而有**形也**，位则有**高下之相**倾夺而**盈**（呈现）**也**，言则有**音声**（音之源为声，声之行为音）**之相**对待而**和**（《中庸》"发而皆中节谓之和"）**也**，行则有**先后之相**对待而**随**，这种相对待而有之二元对立，本是无常，但世人却执之为**恒**常不变**也**。

是以有道之**圣人**则与世人不同，知虚名之不足尚而**居**清静**无为**（第 20 章"我无为而民自化"）**之事**（"居无为之事"即第 35 章"事有宗"），知多言之不可用而**行不言之教**（第 6 章"不言之教，无为之益，天下希能及之矣"，第 20 章"无为、好静、无事、欲不欲"皆是不言之教，行不言之教即第 35 章"言有君"）。**万物作而弗**以为**始**（"始"，先，生养万物而不以为自己为"始"，第 45 章"无名，万物之始也"）**也**，**为而弗仗恃**其有恩**也**，虽有**成**就万物之**功而弗居**功**也**。

夫唯弗居功，**是以其功反而弗去**（消失）。

【诠释】

大道本无，从本无生出"有、无"，世人又从"有"虚妄分别出美与丑、善与恶，并喜美而恶丑，欣善而厌恶，而不知美与丑同出于虚无大道之体，美丑本无却虚妄分别执着。从道之体而言，有与无"两者同"，乃至丑与美、善与恶亦同，并无区别。

大道连"名"都没有，何况善恶美丑！所谓善恶美丑，一是无常变幻，今日美明日丑；二是所见不同。《庄子》说，人们视西施为美女，但鱼儿见到她就会沉下水底，鸟儿见到她就会飞上高空，麋鹿见到她就会急速逃跑，西施到底美还是丑？因此善恶美丑之相，皆是空相，凡夫住相不见性，执善恶可道可名之虚名而不见道，都是在相上打转，尚未跳出是非圈，故而是恶、是不善。

不分别美丑善恶即不二，不二则一，一即清静无为之道。若虚妄分别并执着善恶美丑，则为二而不一，离道悬远，此所谓"不善""恶"，故曰"天下皆知美之为美，恶矣；皆知善，斯不善矣"。

推而广之，皆知（执）乐（与苦相对待）之为乐，斯苦矣；知常（与无常相对待）之为常，斯无常矣。知净（与垢相对待）之为净，斯垢矣。此皆非真常、真乐、真净！皆非道！"有无、难易、长短、高下、音声、前后"亦然，皆同一道之体，皆是有为，皆是相对待而有，皆是无常虚妄而不可得，但世人却因失道而起分别取舍好尚之心，立二元对立之名，并执之为恒常实有，执为"可名、可道"，即是住相不见道，故是恶（妄），是不善，故曰"有无之相生也，难易之相成也，长短之相形也，高下之相盈也，音声之相和也，先后之相随，恒也"。

世人居有为而分别"有无、难易、长短、高下、音声、先后"，圣人则居清静无为之道，生养成就万物而不以为有功，故曰"是以圣人居无为之事，行不言之教。万物作而弗始也，为而弗恃也，成功而弗居也"。

越是不居功，则反而功德长存不灭。越居功、越自以为有功，只知拿起而不知放下，只知居无观有，而不知居有观无、观其徼，度众生、施与众生而欲求报，则反而没有功德，故曰"夫唯弗居，是以弗去"。

第四十七章

（通行本第3章）

不上贤，使民不争。

不贵难得之货，使民不为盗。

不见可欲，使民不乱。

是以圣人之治也，虚其心，实其腹，弱其志，强其骨。

恒使民无知无欲也，

使夫智不敢①、弗为而已，则无不治矣。

为上者**不上**（以为"上"，崇尚）**贤**（美名），不贱愚，**使民**自然**不争**贤（名）。

不贵（以为贵）**难得**稀有之奇珍异**货**利（第56章"难得

---

① 此处从高明《帛书老子校注》，作"不敢、弗为"断句。

之货使人之行妨"，第27章"是以圣人欲不欲，而不贵难得之货"），**使民**自然**不会为**了难得之货（利）而去行**盗**。

不见名利之**可欲**（不贪名利，第20章"我欲不欲而民自朴"），**使民之心不乱**。

是以圣人之治也，虚（断除）**其**（民）妄想思虑之**心**（贪欲，第56章"不为目"），**充实**（填饱）**其腹**（第56章"为腹"，第30章"甘其食，美其服，乐其俗，安其居"），**弱**化**其**贪求之心**志，强**壮**其筋骨**（凿井而饮，耕田而食，自食其力）。

为上者不欲声色货利，清静无为，则必**恒使民亦无知无欲也**（不知声色货利之可欲）。

使夫好巧**智**有知有欲者化为无知无欲者而**不敢**（不争，第32章"不敢为天下先"，第34章"吾不敢为主而为客"，第38章"勇于不敢者则活"）、**弗为**（无为，"不敢、弗为"即不治之治，无为而治，第20章"我无为而民自化"）**而已**，如是清净自化，**则国无不治矣**。

【诠释】

"贤"是名，"名可名，非恒名"，尚"贤"即尚非恒常不变之"贤"名，与"恒道"相悖，如何能入道！

上行必下效，上尚"贤"，则：

1. 愚者亦将粉饰为"贤"。乍一看，全社会都是"贤"者，似贤实愚。

2. 所见不同，此认为是贤，彼认为是愚。

3. 无常，今日贤，明日愚。

《菜根谭》："廉所以戒贪，我果不贪，又何必标一廉名（尚贤），以来贪夫之侧目。让所以戒争，我果不争，又何必立一让的，以致暴客之弯弓。""膻秽则蝇蚋丛嘬，芳馨则蜂蝶交侵。故君子不作垢业，亦不立芳名（不尚贤）。只是元气浑然，圭角不露，便是持身涉世一安乐窝也。"

从来不做假账的公司，不会在公众面前标榜说"不做假账"；从来不说假话的人，不会标榜自己从不说假话。

上"上贤"，即上落入"贤愚"二元对立，"贤、愚"皆是无常，"上贤"即堕入无常而偏离真常之大道。 上"上贤斥愚"，则必不能见道，上失道，下亦必不见道。

"愚"蜂拥而争"贤"，非转愚成贤，而是将自己粉饰为"贤"，如贪官将自己粉饰为清官，表面上看人人都争做清官，故曰"不上贤，使民不争"。

不上贤不是忠奸不分，是分别而不执着，如大圆镜，来无所黏，去无踪迹。船过水无痕，鸟飞不留影，大道本无贤愚忠奸善恶，不上贤是趣入无贤无愚道之体。如黄庭坚《清明》"贤愚千载知谁是，满眼蓬蒿共一丘"，即是不虚妄分别执着"贤愚"而入于"一"（丘）之大道。

同样，若为上者贪着奇珍异货，为下之百姓就会想方设法去盗取上所标榜、定义之贵货。反之，若天下之货没有贵贱之分，一律同等，价值昂贵之货没有了，则百姓还盗什么呢？故曰"不贵难得之货，使民不为盗"。

为上者虚静无为，不尚声色货利，则亦无有五色、五音等引诱下民，乱民心智，故曰"不见可欲，使民不乱"。

圣人少私寡欲，以无为之道治国，下之民亦少有妄想思虑之心、虚荣心、攀比心，知足常乐，故曰"虚其心""弱其志"。

但只会放下尚非入道，还需要事上拿起，凿井而饮，耕田而食，自食其力，故曰"实其腹""强其骨"。

虚实结合，强弱不二，方是大道。

为上者不欲声色货利，清静无为，则下之民亦不知声色货利之可欲可贪，故曰"恒使民无知无欲也"。

不欲财色名利，则自然化有为、有知、有欲为无为、无知、无欲，如是则国必易治，故曰"使夫智不敢、弗为而已，则无不治矣"。

本章依然是在宣说入道与守道功夫，即有无并立，妙徼齐观，"虚其心，弱其志"即是放下，是应无所住，是观其徼，是不住有；"实其腹、强其志"即是拿起，是生其心，是观其妙，是不住空，若消极懒惰，如何能"实其腹"？

第四十八章

【经文】

道盅，而用之又弗盈也。

渊呵，似万物之宗。

挫其锐，解其纷，和其光，同其尘。

湛呵似或存。

吾不知其谁之子也，象帝之先。

【义贯】

道之体如**盅**（容器空虚）无所有，无形而不可见，但其实充满天地万物，**而用**（道之用）**之又弗盈**满（无穷）**也**（第49 章"天地之间，其犹橐籥与？虚而不屈，动而愈出"，第8 章"大盈若盅，其用不穷"）。

道之体**渊**深而看似不动**呵**，其实动而能发育万物，且为万物所依归，**似万物之宗**（本源，归依，即第45 章"无名，万物之始也"）。

有道者能**挫其锐**利锋芒，**化解其**是非**纷**争，收敛调**和其**世智**光**芒，韬光内照（第21章"光而不耀"），与世俗混**同其尘**而不分。

道之体**湛然**（静深不动）而不可见**呵**，然恍惚之中仿**似或**有所物象**存**在（第50章"緜緜呵若存"，第65章"道之物，唯恍唯忽""窈呵冥呵，其中有精呵"）。

吾只知天下万物皆是其子，却**不知其**（道）**系谁之子、**为谁所生**也**，好**象**是天**帝之先**（第69章"有物混成，先天地生"）。

【诠释】

道体虚无，无形而不可见，但其实充满天地万物，如空虚的容器一样，妙用无穷，故曰"道盅，而用之又弗盈也"。

道之体渊深而看似不动，其实动而能发育万物，而为万物所依归，系万物之本源，但生而不有，为而不宰，故曰"渊呵，似万物之宗"。

如何悟入虚无大道？"从来硬弩弦先断，每见钢刀口易伤""木秀于林，风必摧之；堆出于岸，流必湍之；行高于人，众必非之。"修道之人当韬光养晦，切忌锋芒毕露。《了凡四训》说："吾辈处末世，勿以己之长而盖人，勿以己之善而形人，勿以己之多能而困人。收敛才智，若无若虚，见人过失，且涵容而掩覆之。"故曰"挫其锐"。

世人欲念甚重，烦恼重重，若能化解内心的纷扰对抗，降服内心的烦恼，把自己摆平了，也就摆平了全世界，此亦修道与入道功夫，故曰"解其纷"。

灵芝与众草为伍，不闻其香而益香；凤凰偕群鸟并飞，不见其高而愈高。收敛才智，韬光内照，有光而不耀，与世俗混同，随缘入世，如菩萨修行四摄之"同事摄"，故曰"和其光，同其尘"。

然所谓和光同尘，首先得有光，有本事有修为；其次不是形式上的低调，而是发自内心谦卑。不要觉得自己与众不同，亦不用刻意证明自己价值，越急着证明什么，往往显示越缺什么。

道之体静深不动，不可见不可触摸，似无所有。但道可以生万物，而所生之万物不过虚妄幻化之相，幻生幻灭，似无实有，似有实无，透过虚妄幻化之相，则可洞见道之真体，故曰"湛呵，似或存"。

道生万物，而道体本身却不生不灭，无能生所生，亘古长存，虽能生万物、为万物之母，却不系母所生，故曰"吾不知其谁之子也，象帝之先"。

"锐、纷、光、尘"皆是相，皆是有，"挫、解、和、同"便是居有观无、观其徼，即是入道与守道功夫。

第四十九章

（通行本第5章）

天地不仁，以万物为刍狗。

圣人不仁，以百姓为刍狗。

天地之间，其犹橐籥与？

虚而不屈，动而愈出。

多闻数穷，不若守于中。

天地自然无为而**不欲仁**（"不仁"即有道有德，仁即失道失德，第1章"失德而后仁"，天地不仁即天地有道，第69章"地法天，天法道"），**以**（视）**万物为**（如同）**刍狗**（祭祀时用草扎成的狗，用了即扔掉，有狗名而无狗之实，似有实虚，故不会执着；似假而有其用，故不会落入断灭空。喻有无并立，妙徼齐观，空有不二），天地虽生育万物，乃自然而生，非有心要生，虽生而不以为生。

177

圣人行自然无为之道而**不欲仁，以**（视）**百姓为**（如同）**刍狗**一样，爱养百姓而不执着，毫无偏袒之心。如同刍狗一样，虽有祭祀之用（有）而需爱护，但毕竟非真狗（无），故善待之而不执着不偏心。

道在**天地之间，其犹**如**橐**（风箱）**与管籥**（乐器）**与？**

虚（空，放下）**而不屈**（"屈"即穷尽，不屈即不空，妙用），**愈鼓动**（拿起）**而风、音愈出**（妙有），空中生妙有（此即第48章"道盅，而用之又弗盈也"）。

若好于**多闻**（即多学，系有为，与无为相悖，第11章"为学者日益"，多学必有知有欲，不学即无知无欲，第27章"学不学，而复众人之所过"），守于有（为）而失虚静无为，则其道之用必然**数**（速、很快）就会**穷**尽（与前文"不屈""愈出"相反，多闻即有为，有为即有生有灭，有穷尽，同第46章"是以弗去"之"去"），**不若橐籥守于**空有不二**中**和之道（清静无为之道）而其风、音无有穷尽。

【诠释】

天地效法自然无为之道，未失道失德而无需退守"仁"。若偏离迷失大道，落入仁义和不仁不义之二元对立，则不得已而欲推行仁。

天地爱养万物，且其仁爱之心是自然而然，没有区别对待，没有仁与不仁之二元对立，是大仁。在天地圣人看来，施仁之我，所施之仁，乃至受施之人与万物，此三者皆生于"无"，皆缘生如幻。在天地圣人心中，万物与百姓，不过如刍狗而已，虽然是稻草所做，但其有祭祀之大用，可借假修真，故会善待每一只刍狗，此即观其妙而不住空，善于拿起；然而终究不是真狗，虚幻不实，用稻草一扎则成狗，拆散之后哪来的狗呢？故无需执着，此即观其徼（虚幻不实）而不住相，善于放下！故曰"天地不仁，以万物为刍狗。圣人不仁，以百姓为刍狗"。

道在天地之间，犹如橐（风箱）与管籥（乐器），虽然空而能生妙有，此即居无观妙；虽然能生风、生响，但不藏风、响，如同内心能想事，但不装事，凡事不往心里去，此即居有观徼，故曰"天地之间，其犹橐籥与？虚而不屈，动而愈出"。

世人与天地、与圣人不同，好于多学而增益有为之巧智，欲望日盛，虚静无为转为有知有欲，清净空间之内存被占满了，橐籥之空转为实，则其道之用必然很快就会穷尽，甚至根本不能起用，如同管道被淤泥堵塞，空而转为不空，不能起用；亦如手机存放数据越多，其存储之功用就会很快穷尽。唯有如橐籥守于空有不二、清静无为之中道，则其风、音之用方无有穷尽，故曰"多闻数穷，不若守于中"。

本章刍狗观、橐籥观，即是"居有观无，居无观有""有无并立，妙徼同观"，智悲双运、福慧双修、空有不二，善于事上拿起，心上放下，即是入道与守道功夫！

第五十章

（通行本第6章）

谷神不死，是谓玄牝。

玄牝之门，是谓天地之根。

縣縣呵若存，用之不勤。

空**谷**之**神**（"谷"乃空虚而能回应，喻虚无之道体，第59章"旷呵其若谷"，第72章"为天下谷"，第3章"上德如谷"，第76章"譬道之在天下也，犹小谷之于江海也"）恒常**不死**（灵妙而不可测，亘古长存而不灭），**是谓**如同**玄**妙之**牝**（雌性，喻母，能生万物故曰"玄"，第15章"天下有始，以为天下母"）。

玄牝之门（母性生殖器官），能生天生地，万物生生而不已，**是谓天地之根**。

縣縣（幽绵不绝）**呵若存**若亡，犹如橐籥，虚而不屈，愈动而愈出，**用之不勤**（竭）。

181

【诠释】

继前一章"刍狗观、橐籥观"之后，本章老子继续以"谷神观"来开示入道与守道功夫。虚无之道体如空谷之神，恒常而不生不灭，故曰"谷神不死"。

谷神虽空，但如刍狗与橐籥，空而能回应，能起妙用，能生妙有，能生天生地，万物生生而不已，如天地之根，用之不尽，如雌性动物之生殖器官，故曰"是谓玄牝。玄牝之门，是谓天地之根"。

其所生万物之多，幽绵不绝，若观之，则似有非有，若说无，刹那生，分明是有；若说有，刹那灭，不可执捉，故曰"绵绵呵若存"。

空谷之神犹如橐籥，虚而不屈，愈动而愈出，取之不尽，用之不竭，故曰"用之不勤"。

然谷之本体毕竟空无（空谷），且所生之万物亦刹那生灭，如梦幻泡影，谷亦不可能永远留住所生之万物，即生而不执。此亦是"居有观无，居无观有""有无并立，妙徼同观"之功夫！

第五十一章

（通行本第7章）

天长地久。

天地之所以能长且久者，以其不自生也，故能长生。

是以圣人退其身而身先，外其身而身存。

不以其无私与？故能成其私。

天长地久（即天地恒常不灭）。

天地之所以能长且久者，以其生养万物而**不自**私养**其生、**忘**生也，故能长生**（长久不灭）。

是以圣人效法天（第69章"人法地，地法天"）**退**（不争，甘居于后，第34章"吾不敢进寸而退尺"）**其身而身先**（为天下苍生而先，"身先"乃是为百姓而非自己），**外**（远离，不贪执）**其身**（不爱身以丧道）**而身**（道）**存。**（范

183

仲淹"先天下之忧而忧，后天下之乐而乐。"）

不以（岂不是）**其**（圣人）**无私**（无欲、无为、不争）
与？故能成其私（无私之道，第31章"圣人无积，既以为人，
己愈有；既以予人矣，己愈多"，即第67章"夫唯不争，
故莫能与之争"）。

【诠释】

天长即天恒"常"，地久即地恒久，此即天地不可道之"恒
道"，故曰"天长地久"。

天得其道，任风雨雷电在其中生（灭），都能涵纳包容，
从不为自己考虑，没想过要扩展自己的空域（不自生）；地
得其道，能含藏孕育万物，亦从不为自己想，无扩展自己的
"地盘疆界"之念，只无私付出而不求报，是故天地皆能长生
（如虚空不生不灭），故曰"天地之所以能长且久者，以其不
自生也，故能长生"。

而要悟入天地般恒常恒久之道，则须观身如幻，破除
对自"身"之执着，由人人为我、事事为我转为我为人人、
事事为人，由自私转为无私，方能证入大道，故曰"是以
圣人退其身而身先，外其身而身存。不以其无私与？故能成
其私"。

此"天地观、幻身观"，亦同前两章之"刍狗观、

橐籥观、谷神观",虽身如幻,但幻身毕竟还是有的,尚需身先、身存而为众生、为天下百姓,若没有"身"哪来身先、身存?此即不住空,居无观有,事上拿起;为何愿"退身、外身"?因观身乃虚妄,如刍狗,是幻身,假名为身,故而不执着幻身,不执着名利等回报,"身先、身存"乃是为百姓苍生,如天地毫无半点私心,能"身先士卒,死而后已"。此即居有观无,心上放下。

第五十二章

（通行本第8章）

【经文】

上善似①水，水善利万物而有静。

居众人之所恶，故几于道矣。

居善地，心善渊，予善天，言善信，政善治，事善能，动善时。

夫唯不争，故无尤。

【义贯】

最上善（善之极，无有能超越其善）之圣人**似水，水善利**益**万物而有**（居）**于静**（谦柔不争）。

居众人之所厌**恶**（不欲）之下方，**故几**（近）**于道矣。**

甘**居**于低洼之**善**（好）**地**（地乃下之极处，居下则止于至善，故称善地。第29章"江海之所以能为百谷王者，以

---

① 帛书甲本作"治"，高明《帛书老子校注》勘校为假借字作"似"，乙本作"如"，通行本作"若"。

其善下之"），**心善**静默不动如深**渊**一样（表定，善渊即心不妄动，少私寡欲），好施**予善**于成就万物如**天**一样（天即道，第53章"功遂身退，天之道"，第60章"天乃道"，第69章"地法天，天法道"，第42章"故天之道，损有余而补不足"）施而不求报。出**言**必**善**守诚**信**（第31章"信言不美，美言不信"）。为**政善**于**治**理（第8章"清静可以为天下正"，第20章"我无为而民自化，我好静而民自正，我无事而民自富，我欲不欲而民自朴"）。为事不争，则做**事善能**（善能即清静无为，事善能即第26章"事无事"，第46章"是以圣人居无为之事，行不言之教"）。圣人与世不争，用则随时，应时而**动**（起善用）**善**于把握**时**机。

夫唯不争（不争并非无所事事，消极懒惰，而是为而不争，是"予善天"而不争，第31章"人之道，为而弗争"与第29章"非以其无争与，故天下莫能与争"之"不争"同），**故天下无**有人怨**尤**（圣人）。

【诠释】

水唯利益万物而不求回报，清净无欲，谦和不争，此谓最上等之善，无有其他善能与水之善相比，故曰"上善似水，水善利万物而有静"。

人往高处走而不欲往低处走，唯水却往低处流，如此甘居于世人不欲之下方，则离道很近了，故曰"居众人之所恶，故几于道矣"。

圣人如水一样甘居下则止于至善，故曰"居善地"。

内心静默不动，少私寡欲，如深渊一样，故曰"心善渊"。

如天一样胸怀博大，无私施与成就万物，故曰"予善天"。

言必信，故曰"言善信"。

善于为国理政，故曰"政善治"。

世事洞明、人情练达，善于处理各种事情，故曰"事善能"。

与世不争，用则随时，应时而起善用、妙用、大用，故曰"动善时"。

圣人如水一样为而不争，"予善天"而不争，因而天下没有人责怪他、怨尤他，故曰"夫唯不争，故无尤。"

本章老子开示入道之法门为"水观"，即水利万物而不争、无我，生其心而无所住，如同上一章天地孕育生长万物而不自生。水能利万物即不住空，善于拿起。若虽不争但不利万物，则是落入断灭无，非清静无为之道。能利万物而甘居下方，即不住有，居有观无，善于放下。"居、心、予、言、政、事、动"，皆是相，皆是居无观有，皆是入世。

此"居地、心渊、予天、言信、政治、事能、动时"，即是事上拿起，即是不住空、随缘入世，即是居有观无，即是生其心；而"善"以及"不争"，则是佛法谓"善分别"之"善"，即分别而不执着，居有观无、观其徼，既然万物皆是梦幻，皆是虚妄，为何要争？有而不争，方能称"善"，不争即观其徼之效。

第五十三章

（通行本第9章）

持而盈之，不若其已。

揣而群①之，不可长保之也。

金玉盈室，莫之守也。

富贵而骄，自遗咎也。

功遂身退，天之道也。

双手**持**有（拥有）**而**欲**盈**满**之**（贪得无厌），**不若其已**（知足、适可而止，放下），"谦受益，满招损"，不知已则必受损。

怀**揣**（藏在衣服里，收藏）**而**欲拥有**群**（众多，即"藏而聚之"，第7章"多藏必厚亡"之"多藏"，指贪财）**之**，

---

① 帛书甲乙本均作"兑"，高明《帛书老子校注》勘校作"锐"，《郭店楚墓竹简》勘校作"群"（即众多之意），笔者认为当作"群"。

190

不可长久保持不失**之也**。

纵得**金玉盈**（满）**室**（堂），而身死财散，**莫之守也**。

富贵而骄泰以取祸，乃**自遗**（招致，第15章"毋遗身殃"）**咎**（罪过，过失）**也**。

天道恶盈而好谦，知**功遂**（成）**而身退**（即不欲持而"盈"之、金玉"盈"室，第59章"保此道不欲盈，夫唯不欲盈，是以能敝而不成"），乃得**天之道也**。

【诠释】

千思万想用计谋，有了百万想千万。若贪得无厌而不知足、不知止，则最终必竹篮打水一场空。如同敧器，"虚而敧，中而正，满而覆"，即空的时候是倾斜的，加了一半水后是直立的，但水过半时若想欲求更多（盈之）而继续加水，待水加满时会突然翻倒。若能适可而止，保持半满，空有不二，妙徼不二，则敧器会保持中而正，水亦不会流失，故曰"持而盈之，不若其已"。

占有欲太盛，想控制的东西越多，越容易失去控制，"树上十鸟，不如手握一只"，故曰"揣而群之，不可长保之也"。

同理，若欲求金玉满堂，满则必倾覆，"有朝一日无常到，万贯家财一时丢"，故曰"金玉盈室，莫之守也"。

如何守？守财之道，一要及时知止，否则待盈满就已经来不及了；二是要学会舍，佛法自始至终，不外一"舍"字，老子之入道与守道功夫，亦在一"舍"字，懂得舍、善于舍，则永远不会盈满，不满则不会倾覆。此守道功夫，亦是守财功夫。

富贵还乡，如锦衣昼行，此即"富贵而骄"。人皆知富贵为荣，却不知富贵如霜刃，有富而炫富，则祸必降临，故曰"富贵而骄，自遗咎也"。

如何无咎？同样贵在"谦"与"舍"二字，在拥有中超越，"虽有荣观，燕处则超若"（第70章）。

天道恶盈而好谦，若不知"飞鸟尽良弓藏，狡兔死走狗烹"，居功自傲，则必有灾殃，能知功成身退，乃谓得天之道，故曰"功遂身退，天之道也"。

本章老子告诫当知退、知止，持而盈之、金玉盈室、富贵而骄，乃是知进而不知退、不知止，此即是居有而不观无、不观徼、不观无常，执之为实有，故而不知止、不知退。然此观徼并非消极懒惰不思进取，止并非躺平，退并非一味退缩，不知进取，没有进哪来退？乃是进中有退，以退为进，进退自如，进退不二，"持、揣"就是进，就是无以观有，就是不执空，就是事上拿起。否则哪来的"金玉、富贵"，如何能功成名遂？如何"实其腹""强其骨"？唯需适可而止、适时而退、心上放下。如何才愿意止、愿意退、从心上放得下？
须居有而观徼，观无常，观诸法空相。因此虽言有以观徼，
实则亦包含无以观妙，仍旧是有无并立，妙徼齐观。

第五十四章

（通行本第10章）

【经文】

载营魄抱一，能毋离乎？

抟气致柔，能婴儿乎？

涤除玄鉴，能毋疵乎？

爱民治国，能毋以智乎？

天门启阖，能为雌乎？

明白四达，能毋以知乎？

生之畜之，生而弗有，长而弗宰也，是谓玄德。

【义贯】

乘**载营**（魂，动）与**魄**（静），**抱**（合）**一**（动静不二，寤寐如一，不昏沉不掉举，"一"喻道，第2章"昔之得一者，天得一以清，地得一以宁，神得一以灵"），**能毋**分离乎？

抟（积聚）**气致柔**（心静少欲而气不妄动，内心自然调柔），

能如**婴儿**一样无知无欲**乎**（第72章"恒德不离，复归于婴儿"，第18章"终日号而不嚘，和之至也"）？

涤除玄鉴（明镜），**能毋**瑕疵（一尘不染，瑕疵喻妄念）**乎？**（洗除内心这面镜子，能没有丝毫灰尘，虚静无为而没有私欲吗？）

此三者，乃是入道功夫，得道之体，自利。然道须起用，利他，方是妙道！

如何用？

爱民治国，能毋以智乎（即无为而治，不以智治国，第65章"故以智治邦，邦之贼也；以不智治邦，邦之德也"）？

天门（心门）**启阖**（开合，出入应用），**能为雌**（"为雌"即安守柔弱）**乎？**雄强而雌弱，世人喜欢逞强，圣人则知"坚强者死之徒也，柔弱者生之徒也"（第41章）而"守其雌"（第72章）。

明白四达（了悟大道而又能随缘起妙用，毫无障碍），**能毋以自己知**（明白）**乎**（知而不以为有知，知而不恃，第36章"知不知，尚矣；不知知，病矣"）？

生之畜养之（第14章"道生之而德畜之"），**生而弗**以为有生，毫无占有之心，**长养而弗主宰也**（任其民众自生、自长、自作、自息而圣人不去干涉），**是谓玄妙之上德**。

【诠释】

营表动，魄表静。若载营不载魄，即有动无静而堕入唯识百法之掉举心所，很兴奋甚至疯疯癫癫；而载魄不载营，即有静无动，看似安静，但脑子昏昏沉沉，属唯识百法之昏沉心所，与掉举相对。唯有营魄双载，动静一如，合"一"不二，方能入道，故曰"载营魄抱一，能毋离乎？"

此"营魄"观，依旧是无以观妙（有），有以观徼（无），魄表静、表无，但静中有动、无中生有，否则会偏堕昏沉（偏空），因此载"魄"之无，须观"营"之有，方能"抱一而不离"。同样，"营"表动、表有，但动中有静，有亦是幻有，否则会偏堕掉举（执有），因此载"营"之有须观"魄"之无，方能"抱一而不离"。

能心静少欲而气不妄动，内心自然调柔，则如婴儿一样无知无欲，故曰"抟气致柔，能婴儿乎？"

"致柔观"之"致柔"，则是如婴儿柔和之至。要如婴儿一样达柔和之至，需有以观徼，以般若摄持而行忍辱波罗蜜。若不观徼而住相，则恰如柔弱之水结为冰，皆不是至柔。

心似明镜台，若不勤加拂拭，则尘埃日厚，妄念烦恼愈多，若能涤荡尽内心欲念，虚静无为，则可入道矣，故曰"涤除玄鉴，能毋疵乎？"

营魄观、致柔观、涤除玄鉴观，皆是入道功夫，此即自利！然道须起用，须入世，方是妙道！

如何用？一是治国平天下（爱民治国），所谓道之绪余以治国，此爱民即"圣人不仁，以百姓为刍狗"之大仁，即以清静无为之道治国而非以巧智治国，故曰"爱民治国，能毋以智乎？"

二是为人处世，此即道之真以治身。能如雌性动物一样虚静而甘居柔弱无为，故曰"天门启阖，能为雌乎？"

持无为之道随缘入世，为人处世、待人接物皆能世事洞明、人情练达而不自作聪明，故曰"明白四达，能毋以知乎？"

持道入世，亦离不开有无并立，妙徼同观。不"爱国治民"（为），岂可言"无为"？须于有上观徼，方可称"无为"（为而不执为），此即"居有观无"；然无并非断灭无，"爱民治国"须落实到具体行为上，此即"居无观有"。

同样，不"明白四达"，真犯傻，即是断灭无，如何言（知而）"无知"（毋以知）？此即不住空，善于拿起；而唯须于有上观徼，方可"毋以知"（知而不以为有知，不执着知），此即善于放下。"玄德观"亦然，"弗有、弗宰"的前提是"生之、畜之、长之"，生养万物、蓄养万物、长养万物而不执不住，度众生而不见有众生可度，施与万物而不求报，方能谓合乎玄妙之德，故曰"生之畜之，生而弗有，长而弗宰也，是谓玄德"。

第五十五章
（通行本第11章）

卅辐同一毂，当其无，有车之用也。

埏埴为器，当其无，有埴器之用也。

凿户牖，当其无，有室之用也。

故有之以为利，无之以为用。

卅（三十）**辐**（连接车毂和车辋的直条）**同一轮毂，当其无**（轮毂中间的孔），方**有车之用也。**

埏（用水和土）**埴**（黏土）**为陶器，当其无**（有空间），**有埴器**（陶器）**之用也。**

凿户牖，当其无（空间），**有室之用也。**

故有形之物以为利（"利"即利器，有形，与下文"无"相对应），**无形之空以为用。**

【诠释】

"辐、埏埴、墙壁"皆是有,"车、器、室"之用,即是妙用。然其用却离不开无,不观无,如何起用？犹如人人皆知肚子里面有货（有学识）之用,而不知大用在心之虚（当其无）。"无"不是不学无术,是有而不以为有,是"功成而不居",是谦卑,故曰"卅辐同一毂,当其无,有车之用也。埏埴为器,当其无,有埴器之用也。凿户牖,当其无,有室之用也"。

剑在鞘中,有利刃（有）而无空间（无）,则有利无用。唯有利剑出鞘,有利刃而有空间（无）,方谓有利有用。又如有才而性缓（无）之人,定属大才（利用）；有智而气和（无）之士,斯为大智（利用）。人人皆知有学识之用,而不知其大用在心之虚（谦卑）,越是虚怀若谷的人,越能成就大业。本事（有）重要,但心量（无）也同样重要,缺一不可。无以观妙、有以观徼,方是"利之有用"（利用）,故曰"有之以为利,无之以为用"。

第五十六章

（通行本第12章）

【经文】

五色使人之目盲，

驰骋田猎使人心发狂，

难得之货使人之行妨，

五味使人之口爽，

五音使人之耳聋。

是以圣人之治也，为腹不为目。

故去彼而取此。

【义贯】

五色（色尘）诱使人之目（眼根）流逸奔色、失其正见而盲，驰骋田猎使人心发狂（心性浮躁，轻率妄为），难得之货（奇珍异宝）诱使人之行妨（伤德败行，第47章"不贵难得之货，使民不为盗"），五味（味尘）使人之口厉爽（"爽"即伤，即味觉受到伤害），**五音**（声尘）**使人之耳聋**。

是以圣人之治（修身）**也，**只**为满足腹**之所需要（少私寡欲，即第47章谓"实其腹"）而**不为目**（为目即虚荣心，想要，贪得无厌，不为目即第47章谓"虚其心"），**故去彼**为目**而取此**为腹。

【诠释】

色声香味触等外六尘，如灰尘、如茫茫大海之红尘白浪；眼耳鼻舌身等则如大功率吸尘器，二者相对，六根流逸奔尘，便产生无尽欲望，欲望不能满足就会痛苦，满足了就会无聊，就像钟摆一样，在痛苦和无聊之间摇摆，从而不能看清世界真相，离道悬远！故曰："五色使人之目盲，驰骋田猎使人心发狂，难得之货使人之行妨，五味使人之口爽，五音使人之耳聋。"

"鹪鹩巢林，不过一枝；偃鼠饮河，不过满腹。"良田万顷，日食三餐；大厦千间，夜眠八尺。为腹者，即满足温饱、维持色身之需，是需要；为目者，则是满足虚荣心，满足欲望，是想要。需要有尽，想要无穷！

为腹易，为目难！

为目，烦恼之根；为腹，快乐之源！

不怕胃大（需要多，为腹），就怕胃口大（想要多，为目）。

　　再大的胃都能填满，但胃口则无满足之时。要管好胃，更要管控好胃口！

　　世人为目不为腹，圣人则刚好相反，为腹不为目。圣人为腹，居无观有，衣食住行温饱皆是有，若终日无所事事，不善拿起，不观妙，如何养"腹"？圣人不为目，居有观无，观五色、五音、五味、驰骋田猎、难得之货，皆是虚妄，皆"有所徼"，善于放下，否则便会"为目而不为腹"，故曰"是以圣人之治也，为腹不为目。故去彼而取此"。

第五十七章

（通行本第13章）

【经文】

宠辱若荣①，贵大患若身。

何谓宠辱②？宠③为下，得之若荣，失之若荣，是谓宠辱若荣。

何谓贵大患若身？吾所以有大患者，为吾有身也。及吾无身，有何患？

故贵为身于为天下，若可以托天下矣；爱以身为

---

① 帛书甲乙本均作"惊"，池田知久《郭店楚简老子新研究》勘校作"樱"，裘锡圭《老子今研》经严密勘校作"荣"（详见该书第81页），认为"宠辱若惊"是对"宠辱若荣"的误读。笔者认为，老子开示虚静无为，既不惊宠，亦不惊辱，即宠辱皆不惊，何以会"宠辱若惊"？故当从裘锡圭作"荣"，本章其余"惊"字亦皆作"荣"。另，笔者认为裘老此处解得甚合老子本意，建议认真拜读。

② 帛书甲乙本均有"若惊"，楚简本无，笔者认为当从楚简本。

③ 帛书甲乙本均为"宠之为下"，楚简本无"之"，笔者认为当从楚简本。

天下，如可以迻^①天下矣。

【义贯】

世人本末倒置，喜荣不喜辱；圣人则崇本抑末，**宠**爱（欲求）贱**辱**（卑下）**若**（如同）世人宠爱**荣**（尊贵）耀一样（即圣人守道无为，视辱作荣，第72章"知其荣，守其辱，为天下谷"，第43章"受邦之垢，是谓社稷之主"）。

世人**贵**（重视）病、苦等**大患**（治标），**若**（如同）圣人重视**身**体（治本）一样。

何谓宠爱辱？宠爱辱即**宠**爱甘于**为人下**（世人以下为辱，而有道之圣人则以下为荣，世人争强好胜，圣人柔弱不争，为何？荣以辱为本、为基，譬如世人重视高楼，而圣人则独重视地基。第2章"故必贵而以贱为本，必高矣而以下为基"，第24章"大邦者，下流也……夫皆得其欲，大者宜为下"，第29章"江海之所以能为百谷王者，以其善下之，是以能为百谷王。是以圣人之欲上民也，必以其言下之"，第33章"善用人者为之下"）^②。

---

① 帛书甲乙本均作"寄"，楚简本为"迻"，部分注疏认为是"寄"的假借字，笔者认为当从楚简本作"迻"。

② 此处重点参考了裘锡圭《老子今研》中"宠辱若惊是宠辱若荣的误读"一文。

因为圣人居下不争，没有得失之心，道心坚固，定而不乱，故而**得之**（名利）**若荣**①（吉、福），**失之**（名利）**亦若荣**（吉、福），无论得失皆不计较，皆是吉、是福，如《了凡四训》"谦之一卦，六爻皆吉"，**是谓宠辱若荣。**

何谓贵大患若身？吾之所以有大苦患者，因**为吾有身**这个负担、拖累**也**，患以身为基，身乃众患之本，既有此身，则饥寒病苦，死生大患，众苦皆归，必不可免，**及**（若）**吾无身**（非灭掉色身，而是不执着色身，如《心经》谓"照见五蕴皆空"），则患必无寄托之处，**有何患**（《心经》谓"度一切苦厄"）？

故（承接上文"贵大患若身"）圣人知荣守辱而**贵**（重视，与上文"贵大患若身"之"贵"同义）以清静无为之道**为**（修）**身**，不贪财色以养身，并以此道用之**于为**（治理）**天下**者，**若**（这样的圣人）**可以托**付治理**天下**之大任**矣**（即第72章"知其荣，守其辱……圣人用则为官长"）；反之，若**爱**（与上句"贵"相反）**以养身**（爱身即贪爱五蕴之身，嗜欲养身，爱身丧道，即第40章"以其求生之厚也"。"贵为身"是修身，系无为；"爱以身"是养身，系有为）而**为**（治理）

———————

① 裘锡圭《老子今研》作"得之若得荣，失之若失荣"解，笔者以为不妥，非老子本意。若结合《庄子·逍遥游》"且举世誉之而不加劝，举世非之而不加沮，定乎内外之分，辩乎荣辱之境"，就更好理解了。

天下者（第73章"将欲取天下而为之"之"为"，即有为而为，非无为而为）。**如此之人可以迲**（去，离开）**天下矣**（即没有资格接受治天下之重任，第73章"吾见其弗得已"。此两句与第11章"取天下也，恒无事；及其有事也，不足以取天下"相似）。

宠辱若荣，贵大患若身

	世人	圣人
宠（爱）	**荣**（上）	**辱**（下）
贵（重视）	**患**（标）	**身**（本）
	爱以身（有为）	**贵为身**（无为）

【诠释】

财色名利等身外之物，乃世人所欲求，所宠爱，但圣人则知卑下为本，尊贵显荣为末，故独宠爱世人不欲之贱辱而远离荣耀显贵，如同修六度之安忍度一样，视受辱为福、为吉，故曰"宠辱若荣"。

有身则有生老病死等苦患，苦患必以身为依托，苦与身形影不离，可知身是苦患之本。而世人对治众苦患，只知道治标（患），而不知道治本（身）；圣人则从治本（身）入手，本治，则标（患）治，故曰"贵大患若身"。

圣人"知其荣，守其辱"，什么是守辱呢？守辱即守下，甘为人之下，谦下不争，虚静无为，如上善之水，独喜居于众人所厌恶之下方，故曰"何谓宠辱？宠为下"。

因为圣人内心谦下，柔弱不争，不执着名利，甘居于下，毫无得失之心，不以物伤性，得之不喜，失之不忧，外境有生灭，内心寂然不动，不被外境所转，内心之乐恒常不失，"我的快乐我做主"而非得失做主，如范仲淹"不以物喜，不以己悲"，苏轼"水光潋滟晴方好，山色空蒙雨亦奇"，苏辙《黄州快哉亭记》"夫风无雌雄之异，而人有遇、不遇之变；楚王之所以为乐，与庶人之所以为忧，此则人之变也，而风何与焉？士生于世，使其中不自得，将何往而非病？使其中坦然，不以物伤性，将何适而非快？"故曰"得之若荣，失之若荣，是谓宠辱若荣"。

患以身为基，身乃患之本，有身必有患，患必以身为依托，患与身如同形影。身无，则患无，可见苦患的根源在于身，患是标，身是本，要治患，须先治身。如果不执着五蕴之"身"，守道无为，少私寡欲，不为养身而劳神费心，不放纵身贪嗔造罪，虽有身而不执，则苦患必将失去依托，本治，则标治，故曰"何谓贵大患若身？吾所以有大患者，为吾有身也，及吾无身，有何患"。

圣人以清静无为之道修身，居有观无，悟知金玉满堂、王侯将相等荣耀显贵不过是三更梦九月霜，如同五蕴幻身一样，执之必然招灾惹祸，是大患之根，故能"宠辱若荣"，远离富贵荣华等身外之物，《庄子》曰："道之真以治身，其绪余以为国家，其土苴以治天下。"圣人能以无为之道治身，则必能以之治理天下，如第47章"弗为而已，则无不治矣"，故曰"故贵为身于为天下，若可以托天下矣"。

反之，若贪爱金玉满堂、王侯将相，失于清静无为之道，宠荣而弃辱，则不足以治理天下而最终被天下所抛弃，故曰"爱以身为天下，如可以达天下矣"。

世人贪财，财分内财和外财，外财即荣耀等身外之物，内财即五蕴色身。越贪财，越执着财，其所带来的伤害（苦患）就越大。是故要远离苦患，当居有观无，观无论内财还是外财（有），皆生于虚无（无），虚生虚而不能生实，故知内外财皆非实有，皆是空幻，均有所微，如此便能宠辱而不宠荣，视五蕴色身皆缘生如幻而不执着，即能离一切苦厄。然悟道之圣人不执着内外之财，并非一无所求消极懈怠，而是积极入世，以道治理天下。故本章亦是开示"有无并立，妙微齐观"之悟道妙方。

第五十八章

【经文】

视之而弗见，名之曰微。

听之而弗闻，名之曰希。

撝之而弗得，名之曰夷。

三者不可致诘，故混而为一。

一者，其上不皦，其下不昧，绳绳^①不可名也，复归于无物。

是谓无状之状，无物之象，是谓忽恍。

随而不见其后，迎而不见其首。

执今之道，以御今之有，以知古始，是谓道纪。

【义贯】

大道体虚，超乎声色名相思议之表，**视之而弗**可见，**名**

---

① 帛书甲乙本均作"寻寻"，高明《帛书老子校注》勘校作"绳绳"。

之曰微（无相）。**听之而弗**可闻，**名之曰希**（无声）。**揗**（抚摸）**之而弗**可得，**名之曰夷**（亦作"几"，极为微小，隐微）。此三者对常人来说**不可致诘**（思议），**故混而**称**为道一**（道，第2章"昔之得一者"，第5章"道生一"）。

道之一者，**其上日月不足以使之皦**（明亮），**其下幽暗不能使之昧**（黑暗），**绳绳**（绵绵不绝）**不可名也**（名可名，非恒名），虽生亦是幻生，虽有而亦是幻有，故**复归**（还源）**于无物**（无名）。

是谓无真实相**状之虚妄幻化状**（相妄精真，状还是有的，只不过是虚幻之状，凡所有相，皆是虚妄，无相之中有精存，第65章"其中有精呵，其精甚真"），**无有实物之假象**（如水月镜花，相有却是假相，无有实物），**是谓忽恍**（恍惚之中，而似又有物存在，即《楞严经》谓"罔象虚无，微细精想"。此"无物、无状"之"无"，亦同《心经》"无眼耳鼻舌身意"之"无"，即并非一无所有，而是不执着有）。

从后观无终，故**随而不见其后**；从前观无始，故**迎而不见其首**。

既要观其徼，还要观其妙，方是真入道，是故圣人**执今之道**，既要治身，亦要**以之统御**（治理）**今之有**（域，天下、国家，执道以御今之有即是道之妙用，即是入世），**以能悟知古始**（无名之道），**是谓得道**之纲纪（要领）。

【诠释】

大道之体至虚，不可见、不可闻、不可觉、不可知、不可嗅、不可尝、不可道、不可名、不可思、不可议、不可称、不可量，超乎声色名相思议之所表，如《金刚经》云"不可以身相得见如来""若以色见我，以音声求我，是人行邪道，不能见如来。"故曰"视之而弗见，名之曰微。听之而弗闻，名之曰希。搏之而弗得，名之曰夷"。

对常人来说，这太不可思议了，视而不见、听而不闻、搏而不得，色、声、触尘都不可得，都是虚无，则三者本质上都是一（混而为一，道）样的，此不可思议不可得即是虚无之道体，故曰"三者不可致诘，故混而为一"。

道之体恒常而不被外缘所改变，故曰"一者，其上不皦，其下不昧"。

若说其无，道之体又可以生万物；若云其有，则视之不见、听之不闻、搏之而不得，终归于无，故曰"绳绳不可名也，复归于无物"。

由道所生之一切相，则都是虚妄幻化之相，因缘和合而有，因缘消散而亡，如镜花水月，似有，故曰"是谓无状之状，无物之象，是谓忽恍"。

实无，故曰"随而不见其后，迎而不见其首"。

如《维摩诘经》云："譬如幻师，见所幻人，菩萨观众生为若此。如智者见水中月，如镜中见其面相，如热时焰，如呼声响，如空中云，如水聚沫，如水上泡，如芭蕉坚，如电久住。"

居有观无，则知相不可见、不可闻、不可得、不可致诘、无状、无象、惚恍；然居无尚需观有，如此方是真入道。是故圣人执清静无为之道，既要治身，亦要治国，如此方是道之妙用，方谓真得道者！故曰"执今之道，以御今之有，以知古始，是谓道纪"。

第五十九章

（通行本第15章）

【经文】

古之善为道者，微妙玄达，深不可识。

夫唯不可识，故强为之容，曰：

豫呵其若冬涉水，犹呵其若畏四邻，

严呵其若客，涣呵其若凌释。

敦呵其若朴，混呵其若浊，旷呵其若谷。

浊而静之徐清，安以动之徐生。

保此道不欲盈，夫唯不欲盈，是以能敝而不成。

【义贯】

古之善为道者，精微深妙玄达（畅达，通达），容貌若愚
而深不可识。夫唯不可识，故勉强为之形容描绘，曰：豫呵
其若冬涉水，如履薄冰；犹呵其若畏四邻（犹豫即小心翼翼）；
外虽严（谦卑恭敬）敬呵其若客（谦退不敢直前，安分不动）；

而内则**涣**然**呵其若凌**（冰）随缘**释**（融化），毫无迹象；**敦厚无知呵其若朴**（纯厚未经加工的原木，不加修饰）；其行为与世**混**同**呵其**表面**若浑浊**而实际并未受到染污；胸怀**旷**达谦虚**呵其若**山**谷**而无所不容。

若浑**浊了而静**定持心不动**之**，则**徐**（慢慢）就**清**净了（即前文"严呵其若客"），**安**定自守**以动之徐生**①（道之起妙用，或修身，或治国，即前文"涣呵其若凌释"）。

欲保（守）**此道**唯须**不欲盈**满、知足知止而不贪，**夫唯不欲盈**（第53章"持而盈之"之"盈"）满，**是以能**宁愿**敝**缺（敝即旧，旧则非全新，"缺少部分新"，敝即非全新，如形容旧物为八成新、七成新，即"缺"少二成、三成新，故敝即旧、即缺。第67章"敝则新"即敝旧乃是全新，第8章"大成若缺，其用不敝"，即大成若缺，其用不"缺"。"能敝"即知足少欲，知止，第53章"不若其已"之"已"）**而不**欲**大成**（成即盈满无缺、全新。不成即不贪、知足、持而不盈，与第8章"大成若缺"之"成"同），能敝而不成，则无殆。

_____

① 此处苏辙解得极是，可作参考：世俗之士，以物汨性，则浊而不复清，枯槁之士，以定灭性，则安而不复生。今知浊之乱性也，则静之；静之而徐自清矣。知灭性之非道也，则动之，动之而徐自生矣。

【诠释】

修道之人，"三千威仪，八万细行"，谨慎持戒，小心翼翼，"如人剑逼身，行持满钵油，惧溢虑遭杀"，不逐声色货利，五色不令目盲，五音不令耳聋，五味不令口爽，其行为非常人所能识知，故曰"古之善为道者，微妙玄达，深不可识。""豫呵其若冬涉水，犹呵其若畏四邻。"

其内调心性，外敬他人，表面看极为严肃，而内心则暖然似春，一团和气，随机疏散，故曰"严呵其若客，涣呵其若凌释"。

表面看淳朴混沌，无知无欲，和光同尘，出淤泥而不染；心胸豁达而无所不容，故曰"敦呵其若朴，混呵其若浊，旷呵其若谷"。

善为道者，动静不二，空有不住，善于世间修道，既能拿起，亦能放下。若心水污染而浑浊了，则内心保持不妄动而修定，久之则心水自然就清净了，如《楞严经》谓："如澄浊水，沙土自沉，清水现前。"故曰"浊而静之徐清"。

此即居有观无，有以观徼，心上放下。

然此不动乃动上有不动，不动中有动，即须居无观妙，事上拿起，《坛经》云"道须通流，何以却滞""用即了了分明，应用便知一切"。故曰"安以动之徐生"。

　　如此观方能知止、知足而少私寡欲，不追求完美无缺，不贪得无厌，持而不欲盈，持而知已，金玉不欲满堂而能守，故曰"保此道不欲盈"。

　　不欲盈满，能知止知足，宁愿敝旧、不完美、有缺陷，则没有倾覆的危险，故曰"夫唯不欲盈，是以能敝而不成"。

　　此"不欲盈"，亦"不欲亏"，如月亮，既非十五的圆月，亦非至黑之月，而是上弦之月，居于中道，方是真"保此道者"。

第六十章

（通行本第16章）

致虚极也，守静笃也，万物并作，吾以观其复也。

夫物芸芸，各复归于其根。归根曰静，静，是谓复命。

复命常也，知常明也。

不知常，妄，妄作，凶。

知常容，容乃公，公乃王，王乃天，天乃道，道乃久。

没身不殆。

【义贯】

推穷观修**致**万物皆**虚**妄之**极**处**也**（即观空、观微），则心自然不乱不动而居于静定处，如此**守静**（不动）致**笃**（极，静之极处）**也**，到此境界，能洞彻世间万象，故**万物并作**（并列于前),**吾**皆可**以观**照(《楞严经》"却来观世间")**其复**^①(本源)**也**。**夫物**本来不有,盖从无以生有,虽**芸芸**(千态万状)暂有,**然各复归于其根**本元无、归于毕竟空(《楞严经》"犹如梦中事")。能知万物皆**归于根本**元无则不执不住,心不妄动、无知无欲而**曰静**。守**静**至极而能照见人之五蕴身皆生于无而生灭无常,**是谓复**(见)**命**(命即性,人之自性,人赖命而有(身)生,第65章"其中有精呵,其精甚真"之"精")。**复**(见)**命**(性)即入真**常**之道**也**。人能返观内照,**知此真常**妙性曰**明**(开悟)心见道**也**。**不知**真**常**之道,必贪五色五音五味而**妄作**杀生伤性亡身败家等事,而**妄作**此等事情,必然招致**凶**险。人若能**知**此真**常**之道,则心能**容**万法,人心苟能广大如此涵**容**万物,则**乃大公**而无私。能大**公**无私而治天下,则**乃**可为君**王**。君**王乃**效法天行事,合乎天心、合乎自然。**天乃**效法自然之**道**,**道乃**如虚空恒**久**不灭。人若证得此道,无欲无求,则虽**没身**(身死)而道**不殆**尽(灭)(第77章"死而不亡者寿也",第22章"有国之母,可以长久。是谓深根固柢,长生久视之道")。

---

① "复"憨山大师《老则道德经解》作"心不妄动"解。

【诠释】

世间万物，乃至一切声色货利，皆虚假不实如梦幻，如此观其缴、观空、观虚无，如《金刚经》观"一切有为法，如梦幻泡影，如露亦如电"，推穷观修至极处，悟见一切财色名利皆是虚妄而不执不住、无欲无求，"不取于相，如如不动"，故曰"致虚极也，守静笃也"。

到此境界，心底澄澈清净，能洞明世间万象，"却来观世间"万物之真相，似有实无，毕竟归空，"犹如梦中事"，此即悟见道之体，明心见道！故曰"万物并作，吾以观其复也。夫物芸芸，各复归于其根"。

能知万物皆归于根本元无则心不妄动，无知无欲，故曰"归根曰静"。

守静至极而能照见人之五蕴身皆缘生如幻，若能见诸相非相，则复归命赖以生之性，故曰"静，是谓复命"。

能复归命赖以生之自性，则为悟入恒常之道，故曰"复命常也"。

能悟入恒常之道，谓明心见性（道），故曰"知常明也"。

若不知真常之道，必然追逐"曾经拥有"之无常，贪财好色，今朝有酒今朝醉，妄作杀生伤性丧道等事，而妄作此等事情，必然招致凶险，故曰"不知常，妄，妄作，凶"。

明心见道者，居无观妙，持此真常之道入世，知万法唯是一心、唯是道之体，天地同根，万物一体，内心必能涵容万物，能看得惯、容得下，能惯看秋月春风。心体澄澈，常在明镜止水之中，则天下自无可厌之事；意气和平，常在丽日光风之内，则天下自无可恶之人，故曰"知常容"。

人心苟能广大如此涵容万物，则乃大公而无私，故曰"容乃公"。

道之绪余治国，能入道且大公无私，则可以治天下，可为君王，故曰"公乃王"。

君王乃效法天行事，合乎天心、合乎自然，故曰"王乃天"。

天乃效法自然之道，故曰"天乃道"。

道乃如虚空恒久不灭，人若证得此道，无欲无求，则虽身死而道不灭，故曰"道乃久，没身不殆"。

此观其徼、观空、观虚无，从而少私寡欲，以虚静无为修身治国，便是入道与守道功夫。

第六十一章

（通行本第17章）

【经文】

太上下，知有之。其次，亲誉之。

其次，畏之。

其下，侮之。

信不足，安有不信。

犹呵，其贵言也。

成功遂事，而百姓谓我自然。

【义贯】

（省略"太上，不知有之"，即第1章谓"上德"）**太上**（最上、最好）之**下**（仅次于"太上"，即第1章谓"下德"）之世，百姓仅仅**知**道**有之**（君王）名字，君民之间毫不发生任何关系。

其次，世道日衰，人君失道失德而施行仁义，以仁义自居而使得下民**亲而誉**（赞美）**之**（第62章"故大道废，安有仁义"）。

221

其次，人君以仁义已无法为治，不得不晓之以"礼"，若仍有不顺从者，则施以严刑峻法，故下民皆**畏惧之**（第1章"上礼为之而莫之应也，则攘臂而扔之"）。

其下，民不畏威，严刑峻法已不足为治，则施以巧智，故下民皆**侮之**。

人君以仁义刑罚巧诈为治，皆因在上之君于无为之道**信任度不足**，上不信道，**安**（于是）下之民亦**有不信**此道。

若人君能行自然无为之道，**犹**（悠然自得）**呵**（清静无为之貌），**其**（人君）**贵言也**（"贵言"即少言、不言，圣人以无为之道而非说教或者法令教化国民，第46章"是以圣人居无为之事，行不言之教"，第68章"希言自然"）。

人人成功遂事，日出而作日落而息，"甘其食，美其服，乐其俗，安其居"（第30章），**而百姓谓**乃是**我自然**而然，与君王毫不相干，此即复归"太上，不知有之"之太古无为之治。

【诠释】

上古洪荒至德之世，人君无欲无为，与道为一，以愚治国，民亦浑然无伪，天下太平，君民彼此不知不识：圣人不仁，以百姓为刍狗而不知民；民享安乐，而不知有君王，"帝力于我何有哉"？民至老死彼此不相往来，亦不与君王相往来，如《庄子·大宗师》言："泉涸，鱼相与处于陆，相呴以湿，相濡以沫，不如相忘于江湖。与其誉尧而非桀也，不如两忘而化其道。"
此即"太上，不知有之"（原经文没有此句）。

既而混沌日凿，君王虽已经与道为二，然犹未离道（下德），以道治国，不见其迹，百姓各得其所，此时百姓仅仅知道君王的名字而已，彼此互不干扰，故曰"太上下，知有之"[1]。

若背弃无为，以仁义治国，则君王以仁义自居，而欲使百姓赞美他，故曰"其次，亲誉之"。

如果靠满口仁义说教已经没有用了，只能以礼而治，礼而不治，则动之以刑，让百姓对君王产生畏惧感，故曰"其次，

---

[1] 此处历来争议较大，诸多版本均作"太上不知有之"，胡适亦云："日本本'知'上有'不'字"，且如此方合老子本意。但帛书甲乙本及楚简本均作"太上下知有之"，据《郭店楚简文字编》，"下"与"不"二字差异明显，当不会混淆，故而"太上下知有之"大概率系老子原文。

但太上即至德之世，"民至老死不相往来"，君民彼此相忘于无为，无知无识，连名字亦不知晓，何来"知"（下知有之）其名之说？如佛法所言，若谓有"知"，即有能知所知，即为著我、人、众生、寿者四相，如此岂是清静无为？岂是至德之世？

综合分析，当如憨山大师所释，此处乃是省略了"太上，不知有之"，而"太上下知有之"当断句为"太上下，知有之"，"太上"和"太上下"是无为之道的两个阶位，如第1章的"上德"和"下德"，如此，则此"千古谜案"迎刃而解。

另，本章和第1章有相似之处，彼此互参，则更易理解。

畏之"。

若依靠严刑峻法已经无效，则君王只能施以巧智，则必然会受到百姓的侮辱，故曰"其下，侮之"。

在上之君不信道而失道，上不信道，则下之百姓亦不信道，上下失道，故曰"信不足，安有不信"。

若人君能行自然无为之道，少说少折腾少扰民，故曰"犹呵，其贵言也"。

如此百姓自然安其居乐其业，凿井而饮，耕田而食，此即自然而然之事，与君王有何关系呢？故曰"成功遂事，而百姓谓我自然"。

治国如此，治理公司亦然：小企业靠老板，大一点的靠制度，再大的靠文化，最大的则是靠哲学。越大的公司，董事长或者 CEO 的作用越不显著，其对具体工作的干预也越少。

第六十二章

【经文】

故大道废，安有仁义。

智慧出，安有大伪。

六亲不和，安有孝慈。

邦家昏乱，安有贞臣。

【义贯】

大道无亲疏之别，而仁义有亲疏之分，**故大道**被**废**（偏离大道，失道），**安**（于是）才**有**施行**仁义**（第1章"失德而后仁"）。**智慧**（巧智）一出，**安**（于是）**有大伪**（民作奸犯科，第28章"以智治邦，邦之贼也"）。父子兄弟夫妇**六亲不和**（说明为父不慈为子不孝），**安**（于是）**有**提倡**孝慈**。**邦家昏乱**，人君荒淫无度，行有为而天下不治，**安**（于是）**有贞臣**不惜杀身进谏。

【诠释】

如同上一章所言，最上治国之道，乃无为而治，君王若不能守道，则只有"以仁治国"，标榜仁义，故曰"故大道废，安有仁义"。

若仁义无效，君王只能施行巧智（智慧），上好巧智，百姓必然效仿，有过之而无不及，所谓道高一尺、魔高一丈，故曰"智慧出，安有大伪"。

君王施行巧智，导致世衰道微，人心不古，父慈子孝本是天经地义自然而然之事，如今则父不慈子不孝六亲不和，故而不得不大力提倡父慈子孝，故曰"六亲不和，安有孝慈"。

君王离清静无为之道悬远，多私多欲，荒淫无度，天下混乱不治，"国乱思良将，家贫思贤妻"，故曰"邦家昏乱，安有贞臣"。

此皆是失道所致，大道虚无，本无仁义与不仁不义、真诚和虚伪、孝与不孝、忠臣与奸臣，如同虚空本来清净，一旦空气被污染了，于是就有了空气优劣之别；人被染污了，失于清静无为，于是就有好人与坏人、善人与恶人之分。

第六十三章

（通行本第19章）

绝圣弃智，民利百倍。

绝仁弃义，民复孝慈。

绝巧弃利，盗贼无有。

此三言也，以为文未足，故令之有所属。

见素抱朴，少私而寡欲。

绝学无忧。

绝（抛弃）**圣弃智**（绝弃圣智，圣智即圣人之巧智，抛弃巧智即不以智治国，第28章"故以智治邦，邦之贼也；以不智治邦，邦之德也"），**民利百倍**（第20章"我无事而民自富"），**绝仁弃义**（即绝弃仁义，第1章"失德而后仁，失仁而后义"，第49章"天地不仁，以万物为刍狗。圣人不仁，以百姓为刍狗"），**民复孝慈**（孝慈本为人之自然天性，今为

227

上者要求施行仁义，则意味着民失自然之孝慈而不孝不慈者多矣）。**绝巧**智**弃利**（"利"即奇物，难得之货），**盗贼无有**（第47章"不贵难得之货，使民不为盗"，第20章"法物滋彰，而盗贼多有"）。

此三言（圣智、仁义、巧利）**也**，皆系有为，皆非朴素无为之道，皆是**以为文**饰民不富、民不孝慈、国多盗贼，反乎朴素无为之道，**未**（不）**足**以治理天下，**故令之有所**返归**属**于朴素之道：**见**（显露）**素抱**（守）**朴**（素与朴即不以巧智文饰，喻自然无为之道），**少私而寡**贪**欲**，**绝学**（学即"圣智、仁义、巧利"，绝学即无学，无学即无知无欲、无为，第11章"为学者日益，闻道者日损"，绝学亦即少私寡欲）则天下治而必**无忧**矣（忧的根源还是在于有私欲，故少私寡欲必无忧。第20章"我无为而民自化，我好静而民自正，我无事而民自富，我欲不欲而民自朴"）。

【诠释】

若能绝弃有为之圣智、仁义、巧利，则民富、民孝、民慈、国无盗贼，故曰"绝圣弃智，民利百倍。绝仁弃义，民复孝慈。绝巧弃利，盗贼无有"。

大道虚无清净，本无愚与智、仁义与不仁不义、巧与拙、贵与贱等染污，如今失道而大力倡导圣智、仁义、巧利，这些皆是小道而非无为之大道。失道，则民不富、民不孝慈、国多盗贼，必须以圣智、仁义、巧利来文其过饰其非，故曰"此三言也，以为文未足"。

凡夫不是左，就是右，不是仁义就是残暴。即便偏到"仁义"一边，迟早会偏向"残暴"而伤人，如同钟摆一样。要复归大道，须不虚妄分别圣智与凡愚、仁义与残暴、巧利与拙笨，即"绝圣弃智、绝仁弃义、绝巧弃利"。但此绝弃圣智、仁义、巧利，不是弃此而取彼（凡愚、残暴、拙笨），而是"不思善，不思恶"，泯灭彼此对待之相，如此才能悟入"无善无恶"道之体。如同提倡不做假账而做真账，尚非入道（见素抱朴），唯有"真账"（圣智、仁义、巧利）与"假账"（凡愚、残暴、拙笨）亦绝，不但不做假账，连真账也不做，心中只知道做账，根本没有真账假账的概念，如此自然不会造假账危害社会。亦如为官者从来不贪，视不贪为自然而然之事，则心中自然不会有"清廉"的念头，"廉所以戒贪，我果不贪，又何必标一廉名，以来贪夫之侧目。"无廉无贪，此即不以有为之巧智文饰而返归于朴素无为道之体，故曰"故令之有所属，见素抱朴"。

为上者清静无为，淡泊名利，则民享太平，天下得治，身安心乐，故曰"少私而寡欲"。

人烦忧的根源还是在于欲念旺盛，若少私寡欲则必无烦忧，故曰"绝学无忧"。

悟道则道必能随缘起妙用，而无为之道所起之妙用，则"民利百倍、民复孝慈、盗贼无有"，此乃是治本而非治标，远非有为可比。

第六十四章

（通行本第20章）

唯与诃，其相去几何？

美与恶，其相去何若？

人之所畏，亦不可以不畏。

人^①望呵，其未央哉！

众人熙熙，若飨于大牢，而春登台。

我泊焉未兆，若婴儿未咳。累呵，似无所归。

众人皆有余，我独匮^②。我愚人之心也，沌沌呵。

---

① 高明《帛书老子校注》及徐志均《老子帛书校注》均断句为"亦不可以
不畏人，望呵"，楚简本作"亦不可以不畏"，后面缺失，无"人"
字，帛书整理组亦认为"人"字"疑是衍文"。笔者认为若有"人"
字，亦或当作下一句之始而非本句之末，即"亦不可以不畏，人望
呵"，如此句义方通畅。

② 此处帛书甲本作"遗"，乙本残缺，高明《帛书老子校注》校勘
作"匮"。

俗人昭昭，我独若昏呵。俗人察察，我独闷闷呵。

忽呵，其若海。恍呵，其若无所止。

众人皆有以，我独顽以鄙。

我欲独异于人，而贵食母。

【义贯】

唯（赞同）与诃（怒责），其相去（差别）几何？美与恶，其相去何若？（第 46 章"天下皆知美之为美，恶矣；皆知善，斯不善矣"。）

圣人之所敬畏（即五欲六尘、财色名利，下文众人所好之"大牢、春登台"），修道之人亦不可以不敬畏。

圣人（同上文"人之所畏"之"人"，指圣人，与下文"众人"相对应，属于两类人）望（深观）呵，其未央（央即殃、危害，未央即危害尚未发生，防患于未然，第 27 章"其安也，易持也"）哉！（知"唯与诃、美与恶"无别，无二元对立而少私寡欲，不欲"享大牢、春登台"，则无殃。）

众人却相反，不知"唯与诃、美与恶"无别，熙熙（纵情、乐）若飨（享受）于他人所献之大牢（太牢，古代帝王或诸侯祭祀社稷时，牛、羊、豕三牲全备为"太牢"）盛宴，而（及）春日登台享乐（"享大牢、春登台"即"已殃、已兆"，系有为），众人不知"唯与诃、美与恶"无别，贵难得之货、见可欲（第47章"不贵难得之货，使民不为盗。不见可欲，使民不乱"）而有殃。

我（修道之人）**独泊**（安住，停泊于无善无恶、淡泊宁静无为之港湾，即"望"未央而安住兆头没有萌发之前）**焉未兆**（未兆即物欲未萌，朴尚未散为器，即未脱离大道，兆即器之先兆，失道之先兆，第27章"其未兆也，易谋也"，未兆即未央，不会被伤害，"未央、未兆、未咳"皆指无为），寡情少欲**若**（如同）**婴儿未咳**（咳即小儿笑，未咳即小儿初生未能作笑，此时除饮乳本能外，毫无其他情欲）。因无系**累呵，似无所归**（"归"即执着、挂碍，不归五欲六尘则返归于无为之道）。**众人皆**欲有余（过剩，与下文"匮"乏相对，想要太多，有知有欲），**我独**欲匮乏（不足，指知足），**我愚人**（质直淳朴，喻清静无为）**之心也，沌沌**（混沌无知无欲）**呵。俗人昭昭**（智巧现于外），**我独若昏**（无知无识）**呵；俗人察察**（明察秋毫，巧智），**我独闷闷呵**（无知无识，沌沌、若昏、闷闷同义，皆形容清静无为；昭昭、察察同义，形容好巧智，系有为。第21章"其政闷闷，其民惇惇；其政察察，其民狭狭"）。**忽呵，其若海**一样无边无际，**恍**（与上句"忽"合为"恍忽"，即仿佛）**呵，其若无所止**（尽头，本句意为：恍忽其若海无边无际，即圣人之心仿佛大海一样宽广，和海纳百川、虚怀若谷等同义）。

众人皆各有所以（自恃）聪明智巧，**我独顽愚以**（自恃）**鄙俗**（谦下之词，鄙人，无为）。**我欲独异于人，而贵在于食**（嗜好）**于母**（"母"喻虚无大道，食母即背尘合道，少私寡欲而体悟无为之道，第45章"有名，万物之母也"，第15章"既知其子，复守其母"）。

【诠释】

承上一章所言，大道虚静无为，本无圣智与凡愚、仁义与残暴、巧利与拙笨之别，因此赞同与怒责、善与恶，皆是有为，皆是二元对立，皆是虚妄分别，皆同出于虚无之道，有何差别？故曰"唯与诃，其相去几何？美与恶，其相去何若？"

鼹鼠喝河水，也不过喝满肚子而已。圣人与凡夫不同，其了知"唯与诃、美与恶"无二无别而少私寡欲，所需不多，极易满足，圣人畏惧五欲六尘、财色名利，知其虽然美味但却如刀尖上的蜂蜜，有割舌之患。修道之人亦当如圣人一样有畏惧之心，远离财色，否则必然如刀尖舔蜜，故曰"人之所畏，亦不可以不畏"。

圣人居有观无，知"唯与诃、美与恶"无别，无二元对立而少私寡欲，为腹而不为目，从而不受物欲之害，故曰"人望呵，其未央哉！"

世人纵情享受太牢等美食，好春日登台而享受美景，故曰"众人熙熙，若飨于大牢，而春登台"。

而圣人却不欲"享大牢、春登台"，观道之体无善无恶，从而安住于淡泊宁静无为之港湾，寡情少欲如同初生尚未咳之婴儿，除饮乳本能外，毫无其他情欲，故曰"我泊焉未兆，若婴儿未咳"。

圣人不执五欲六尘，内心毫无系累，心无挂碍，无所执，亦无所失，故曰"累呵，似无所归"。

世人想要太多，为目不为腹；圣人却知足常乐，为腹不为目，质直淳朴，清静无为，貌似混沌而无知，故曰"众人皆有余，我独匮，我愚人之心也，沌沌呵"。

世人"昭昭、察察"，好有为，执着财色名利为实有而贪求不止，圣人则"若昏、闷闷"，清静无为，知其危害之深，观名利不过南柯一梦而已，不贪不求，故曰"俗人昭昭，我独若昏呵；俗人察察，我独闷闷呵"。

圣人居有观无，无著无欲，安闲恬静，"身似已灰之木，心若不系之舟"，毫无系累，又如大海、如空谷能涵容一切，故曰"忽呵，其若海；恍呵，其若无所止"。

世人自恃聪明智巧逞强好胜，圣人却谦恭而甘居于下，故曰"众人皆有以，我独顽以鄙"。

圣人背尘合道，居有观无、观其徼而与道合，故曰"我欲独异于人，而贵食母"。

第六十五章

（通行本第21章）

孔德之容，唯道是从。

道之物，唯恍唯忽。

忽呵恍呵，中有象呵。

恍呵忽呵，中有物呵。

窈呵冥呵，其中有精^①呵。

其精甚真，其中有信。

自古及今，其名不去，以顺众父。

吾何以知众父之然也？以此。

---

① 帛书甲乙本均作"请"，帛书整理小组勘校作"精"（请、精通假），
而高明《帛书老子校注》则认为"精"应作"情"，徐志均《老子帛书
校注》亦认为当作"精"。综合分析，笔者认为此处作"情"不妥，当
从帛书小组作"精"。

【义贯】

孔（盛、高尚）**品德**圣人之容貌，**唯道是从**（"唯从是道"，即盛德之容皆从道体所流出）。

道所生之**物**象（即"德之容"），**唯恍唯忽**（恍忽，似有实无），**忽呵恍呵，中有象呵。恍呵忽呵，中有物呵**（即"恍恍忽忽，中有物象"，似无实有，恍忽有物象存在，如水月镜花）。

道之体至**窈**（深）**呵**至幽**冥呵**，微妙难测，**其中有精**①（即《楞严经》谓"识精元明"，憨山大师谓此即老子之妙道，按憨山大师《老子道德经解》："此正《楞严经》所谓'唯一精真''精色不沉，发现幽秘，此则名为识阴区宇'也。"此"精"亦即第25章"万物之主也，善人之宝也，不善人之所保也"）**呵。其精**（道之体）**甚真**而不妄，**其中有信**②号而可起妙用。

因"其精甚真"而不妄，故**自古及今，其名**（道之假名、强为之名）如虚空恒常**不会灭去**（道之体真，实至名归，故不去；若不真，便有生有灭，便会"去"）而功用无穷，**以为顺**（顺应、顺道、依循）**有情众**生与无情众生之**父**（"父"作"甫"，意为始、母、本源，喻恒道，本段意即：以为众生循之而得

---

① 憨山大师开示："愚谓看老庄者，先要熟览教乘，精透《楞严》。"有志研读《道德经》者，建议不妨深入研读《楞严经》。

② 徐志均《老子帛书校注》释"信"为"神"，即神识，前精后神，"精"映在六根门头有"神识"而放光动地，故此解亦妥。

生之本源、之始，即道之体为世界万物之起源，万物因道而生生不息，第 45 章 "无名，万物之始"，第 15 章 "天下有始，以为天下母"）。**吾何以知众**（宇宙万物）生赖以生之父（本源）**之然也**（即宇宙世界是如何产生的）？（即）赖**以此**虚无大道之体而生 [①]。

【诠释】

道为体、德为用，道由德显，德因道彰。具德之人，其形容皆从道之体所流出，故曰 "孔德之容，唯道从是"。

道之体至虚，由道所生之万物则是缘生如幻，缘聚则生，缘散则灭，幻生幻灭，虚妄不实，缘聚时，分明是有，不可言无；缘灭时，分明是无，不可言有，《楞严经》谓 "观相元妄"，故曰 "道之物，唯恍唯忽"。

然 "道之物" 虽然是虚妄，但妄相毕竟是有的，如水中可望见月、镜中可观见花，故曰 "忽呵恍呵，中有象呵。恍呵忽呵，中有物呵"。

道所生之物虽然虚妄，但道之体却真而不妄，《楞严经》谓 "观性元真"，故曰 "窈呵冥呵，其中有精呵，其精甚真"。

[①] 此部分与照憨山大师《老子道德经解》有差异。

　　道之体幽微难测，如《楞严经》谓"识精元明""陀那微细识"，万物皆赖道而得生，其映在眼耳鼻舌身意六根门头，放光动地：在眼曰见、在耳曰闻、在鼻辨香、在口谈论、在手执捉、在足运奔、在胎为身、处世为人……应用不失其时，如手机之有信号可联络通信，故曰"其中有信"。

　　道之体真而不妄，恒常不变，不随外缘而生灭，但可随缘而生万物，妙用无穷，故曰"自古及今，其名不去"。

　　有情众生与无情众生皆赖之以生，《楞严经》谓："想澄成国土，知觉乃众生。"故曰"以顺众父"。

　　宇宙万物之本源，即此虚无大道之体，即《楞严经》谓："迷妄有虚空，依空立世界。"故曰"吾何以知众父之然也？以此"。

　　观德之相妄，幻生幻灭，"道之物，唯恍唯忽"；观道之体真，不生不灭，"其精甚真"。观德容之无、之虚妄不实，即观其徼而不执着财色名利，少私寡欲，知足常乐；观道体之有妙用而积极入世（"其中有信"之"信"即道之为用）。道之真以修身，绪余以治国平天下，妙徼齐观，有无并立，妄相分分破、道体分分显，此即是入道与守道功夫。

第六十六章

（通行本第24章）

企者不立。

自视 ① 者不彰，自见者不明，自伐者无功，自矜
者不长。

其在道，曰余食赘行。

物或恶之，故有裕者弗居。

企（脚跟不着地，踮起脚跟）者不能久立，欲自我展视
（示）、炫耀自己正确或者有道有德有才者，其德行才智反而
不能彰显，自逞己见以为明了者反而不明了（自以为见道者

---

① 帛书甲乙本均作"视"，帛书整理小组认为"视"即"示"，而高明
《帛书老子校注》则勘校作"是"，即自以为是，笔者认为应从帛书整
理小组作"视"（同"示"），即展示，自我炫耀，彰显、彰扬，和
"彰"对应。

反而没有悟道），**自我伐**（夸耀）**自己有功者反而无功**劳，**自我矜**恃其能**者反而不**（没有）**长**处。（此部分内容与第 67 章相反，从不同角度表达同一意义。）

其（企、自视、自见、自伐、自矜）**在**（相对于）**道**来说，如同**曰余食**（残羹剩饭）**赘行**（"行"作"形"，身体之赘肉），皆为**物**（人）**或共厌恶之，故有裕**（道）**者弗居**（有道者谦虚自守而远离"自视、自见、自伐、自矜"）。

【诠释】

欲速则不达，若违反事物的发展规律，急于求成，拔苗助长，最后必事与愿违，如踮起脚跟欲显得更高，却终不能持久甚至摔倒，故曰"企者不立"。

《菜根谭》云："为善而急人知，善处即是恶根。"为善而欲人知，是为阳善，《了凡四训》说："阳善，享世名，世之享盛名而实不符者，必有奇祸。"越急于自我展示炫耀自己的德行、才华、功劳或者证明自己正确者，往往没有什么真才实学，或者其功劳反而被看作无功，或者没有善报，故曰"自视者不彰"。

道不可道、不可名，亦不可能被见、被闻、被觉、被知，因此谓自见道者，则见到的肯定不是道之体，自以为悟道的，则肯定没有悟道。旁观者清，当局者迷，自以为见到了，其实没见到，自己的优缺点他人最清楚，如自诩为厌繁华、喜淡泊，但"谈纷华而厌者，或见纷华而喜；语淡泊而欣者，或处淡泊而厌"。故曰"自见者不明"。

对别人夸耀自己有功，居功而骄、功成而居的，不知居有观无，其实无功，故曰"自伐者无功"。

总是向别人诉说自己怀才不遇的，往往没什么才，真有才迟早会被人发现。世人往往缺什么喜欢炫耀什么，常对别人骄矜夸耀自己有才的，多半无才，故曰"自矜者不长"。

对修道者来说，"企、自视、自见、自伐、自矜"皆是有为，如吃剩的饭菜、如身上的赘肉，皆应抛弃，故曰"其在道，曰余食赘行。物或恶之，故有裕者弗居"。

第六十七章

（通行本第22章）

曲则全，枉则正，洼则盈，敝则新，少则得，多则惑。

是以圣人执一，以为天下牧。

不自视①故彰，不自见故明，不自伐故有功，弗矜故能长。

夫唯不争，故莫能与之争。

古之所谓曲全者，几②语哉，诚全归之。

---

① 帛书甲乙本均作"视"，帛书整理小组认为"视"即"示"，而高明《帛书老子校注》则勘校作"是"，即自以为是，笔者认为应从帛书整理小组作"视"（同"示"），即展示，自我炫耀，彰显、彰扬，和"彰"对应。

② 帛书甲本残缺，乙本作"几"，高明《帛书老子校注》勘校同通行本作"岂"，即"岂是一句空话"。笔者觉得"几"即微小、微妙之意，即曲则全、枉则正等合乎大道之言，极其微妙难解，如第59章言"微妙玄达，深不可识"，第43章"正言若反"，故而当作"几"而非"岂"。

【义贯】

委**曲则**可以求**全**（保全、全身而退），能**枉**（弯曲）**则**反而能**正**（直、伸），低**洼则**可以**盈**满，**敝**（旧）**则**是**新**，欲**少**（知足）**则得多**，欲**多得则**反而生**惑**（烦恼）。**是以圣人执一**（道，第 2 章"昔之得一者，天得一以清，地得一以宁，神得一以灵，谷得一以盈，侯王得一而以为天下正"）**以为天下牧**（治），即圣人"曲、枉、洼、敝、少、不欲多"，以清静无为之道治天下。

不欲自我展视（示）、炫耀自己正确或者有道有德有才者，其德行才智**故**（反而）能够**彰**显，**不自**逞己**见**以为聪明者**故**反而真聪**明**，**不自我伐**（夸耀）自己有功者**故**反而**有功**劳，**弗**（不）**自我矜**恃其能者**故**反而**能**有所**长**处、才能。

（此部分内容与第 66 章文字相反，从不同角度表达"曲则全"之义。）

"不自视、不自见、不自伐、弗矜"皆是不争之德，**夫圣人唯**其**不争，故**天下**莫**有**能与之争**者（第 29 章"非以其无争与，故天下莫能与争"）。**古人之所谓委曲**则可以求**全者**，对世人来说，乃是**几**（微妙难测）**之言语哉，诚**（确实）曲则不争、不争则**全**而天下必能**归附之**。

【诠释】

世人不愿受委屈、受冤枉，处处力争上游而不愿为人之下，欲求多多益善，殊不知看似受委屈，实则可以保全自己，不曲则鱼死未必网破；能柔弱弯曲者方能伸，不能曲则必不能伸，如一江春水向东流，此路淤塞，改道而行；能甘居低洼之地则能汇聚四方流水；能知足少欲则烦恼不生，故曰"曲则全，枉则正，洼则盈，敝则新，少则得，多则惑"。

能"曲、枉、洼、敝、少、不欲多"，即为得道者。得道者以道治天下，则天下必治，故曰"是以圣人执一，以为天下牧"。

得道之人，不自我彰扬，不自作聪明自逞己见，不自我夸耀，不自矜其才能，这正是得道者盛德之容，故曰"不自视故彰，不自见故明，不自伐故有功，弗矜故能长"。

事能知足心常泰，人到无争品自高，"完名美节不宜独任，分些与人，可以远害全身；辱行污名不宜全推，引些归己，可以韬光养德"。我若与世无争，则世上必然无有与我相争，不与人争，人亦不与我争，如此则天下无敌，无敌则必然能保全自己，不会受到伤害，故曰"夫唯不争，故莫能与之争"。

"舌存常见齿亡，刚强终不胜柔弱；户朽未闻枢蠹，偏执岂能及圆融"。古人所说的曲则全，本是合乎大道之真理，但无上甚深微妙法，对一般世人来说，的确微妙幽深而难知难解，因为世人皆喜争强好胜，为人先而不欲为人后，乃至闻而"大笑之"，故曰"古之所谓曲全者，几语哉"。

若能委屈以求全，则天下自然归附，故曰"诚全归之"。

第六十八章
（通行本第23章）

希言自然，飘风不终朝，暴雨不终日。

孰为此，天地而弗能久，又况于人乎！

故从事而道者同于道，德者同于德，失者同于失。

同于德者，道亦德之。同于失者，道亦失之。

【义贯】

人君当**希言**（无言，道不可道、不可言，执着言说则必
不能入道，第46章"行不言之教"，第61章"犹呵，其贵言也"）
而清净无欲，如此方能与**自然**（即自然而然，不随外缘而生灭，
喻不生不灭恒常之道，第69章"道法自然"）无为之"恒"
道相合，此"恒"道如天地一样长生不灭（第51章"天长地久。
天地之所以能长且久者，以其不自生也，故能长生"）。反之，
若多言有知有欲有为而行"仁义礼"，则必失道失德而合于"无
常"，不能如天地长且久，不能入自然"恒"常之道，如同天

248

地所生之**飘风**（风声，喻天地多言，指以有为之"仁义礼"治天下，与上文"希言"相反）**不会终朝**（无常生灭，非自然恒常之道，喻指以"仁义礼"为治而不能长治久安）永不停歇，**暴雨**（雨声，亦是言，与"飘风"同）亦**不会终日**（与"不终朝"同）下个不停一样，必不能长久，即天地"多言"（飘风、暴雨）而行有为之道，必然不能入自然之恒道（不终朝、不终日，希言自然，多言必不自然），离道悬远。**孰为此**（谁能"多言"而悟入无为之"恒"道？即谁能以有为之"仁义礼"治天下而能长久）？即便是有大神力之**天地**多言（飘风、暴雨）尚且**而弗能**长久（不终朝、不终日，不能入"恒"道），**又况于人乎**（国中四大之天、地，欲多言而行有为，皆不能入自然之"恒"道，何况世人）！①

天地也不可能，那怎样才可能呢？唯有希言无知无欲无为，方能入于自然"恒"常之道（风停雨歇，弃"仁义礼"而与无为之道合），是**故从事**（有志）**而**（于）修道守**道者**，

① 本章经文帛书本和通行本有较明显差别，古来解者莫衷一是，笔者觉得多未得老子本旨。须注意本章有两个特点：一是"道"与"德"分述（"道者同于道，德者同于德"），二是共出现四个"失"字，此两点正与第1章相似（第1章亦出现五个"失"字），故当结合第1章来理解本章内容：老子于《德道经》一开篇就已开示失道"线路图"，本章则意在提醒修道人，当忘言体道，"希言"而严守自然无为之"道德"防线，切勿"多言"而溃退至有为之"仁、义、礼"。

当"希言"而使其行为**同**（合）**于**清静无为之**道**（入道而不失道）；修德守**德者**亦然，如此便**同**（合）**于德**（不失德）；若守道守德无方而**失道失德者**，必好仁、义、礼，此即**同**（合）**于失**道者（即失道而大行"仁义礼"，第1章"失道而后德，失德而后仁，失仁而后义，失义而后礼"）。其行为**同**（合）**于德者**，道亦德（得）**之**（即得道）。**同于失**（仁义礼）**者，道亦失之**（失道）。

希言自然，飘风不终朝，暴雨不终日

无为	有为
希言	多言（飘风，暴雨）
恒常，自然	无常，不自然
道、德	仁义礼

【诠释】

"因地不真，果招纡曲"，以清净之心为本修因，少私寡欲，不执着言说，忘言体道，方可悟入清净自然无为之恒道，故曰"希言自然"。

反之，若有知有欲，执着言说，以不清净之心为本修因，失道失德而行"仁义礼",则必不能悟入恒常之道,即以无常之心为因,只能得无常之果,"犹如煮沙,欲成嘉馔,纵经尘劫,终不能得",如同天地所生之风雨一样,无常生灭,不能长久。种有为因,结有为果,因无常,果亦无常,如同暴风骤雨,本是有知有欲,是有为,欲求"天长地久"之无为,终不能得,故曰"飘风不终朝,暴雨不终日"。

没有谁能够以有为之心为本修因,而得无为之道果,即便是有大神力之天地亦不能以无常心得恒常果,多言而自然,何况世人!故曰"孰为此,天地而弗能久,又况于人乎!"

如何才能得自然恒常之道果?唯须清静无为,弃有为之"仁义礼"而与道与德相应,故有志于修道者,亦当谨慎守道,有无并立,妙徼齐观,少私寡欲,使其行为与清静无为之道相合而不失道。修德者虽德被群生而不以为自己有德,为"德"而不恃,施而不求报,如此方能合于德而不失德。若守道守德无方而失道失德者,必以仁义自居。故曰"故从事而道者同于道,德者同于德,失者同于失"。

道为体、德为用,合于清静无为之用,即是道之用,故修道者,能德被群生而不恃、不居者,方谓之得道。若以仁义自居,则失道而离道悬远。故为道者当希言而谨守自然无为之道,坚固道心,否则,若执着多言,稍有松懈,

251

便会退失，故曰"同于德者，道亦德之。同于失者，道亦失之"。

第六十九章

（通行本第25章）

有物混成，先天地生，寂呵寥呵，独立而不改，可以为天地母。

吾未知其名，字之曰道。吾强为之名曰大。

大曰逝，逝曰远，远曰反。

道大，天大，地大，王亦大。

国中有四大，而王居一焉。

人法地，地法天，天法道，道法自然。

有物混沌之中自然**成**，**先**于**天地**而**生**（实则不生不灭），**寂**（安静、不动）**呵寥**（广阔）**呵**（寂寥喻道体无形无声而又无所不容，如空谷），**独立而不改**（道体不增不减），**可以为天地**之**母**（第15章"天下有始，以为天

253

下母")。

吾未知其名，字之曰道，吾勉强为之假名曰大（若有名，则被名所限，岂可言大）。

大曰逝（流逝、运行，道尽虚空遍法界），**逝曰远**（道之为物，如梦幻泡影，遥"远"而不可得，第32章"天下皆谓我大，大而不肖"，第65章"道之物，唯恍唯忽"，第58章"是谓无状之状，无物之象，是谓忽恍""随而不见其后，迎而不见其首"），**远曰反**（返，返归于道、返归于朴、返归于无为，第4章"反也者，道之动也"）。

道大，天大，地大，王亦大。

国（尽虚空遍法界）**中有四大，而王居一焉。**

人（王）**效法地**承载万物，生育万物而不恃，**地效法天**虚怀广大，涵容万物，**天效法道**之虚无（王大、地大、天大，皆不及道大，皆应效法于道，天地如此，何况王乎？第2章"昔之得一者，天得一以清，地得一以宁，神得一以灵，谷得一以盈，侯王得一而以为天下正"），**道效法自然**而清静无为（道乃自然之道，不生不灭，非外在力量使之生，亦非外力而能使之灭，如虚空）。

【诠释】

《坛经》云："一日，师告众曰：'吾有一物，无头无尾，无名无字，无背无面。诸人还识否？'神会出曰：'是诸佛之本源，神会之佛性。'师曰："向汝道无名无字，汝便唤作本源佛性。'"

在六祖看来，人人本具的佛性亦不可道、不可名，只能强名之曰"物"。老子之妙道亦然，不可道不可名，不生不灭不增不减而又能生养万物，强名此"物"为"道"，故曰"有物混成，先天地生，寂呵寥呵，独立而不改，可以为天地母。吾未知其名，字之曰道"。

大道尽虚空遍法界，故曰"吾强为之名曰大"。

然道虽大，其所生之万物，不过虚妄幻化之相，瞬息间消逝得无影无踪，遥远而不可得，视之不见、听之不闻、搏之不得，故曰"大曰逝，逝曰远"。

若能洞见道之为相皆是虚妄，诸相非相，则返璞归真而悟入真常无为之大道，故曰"远曰反"。

大道尽虚空遍法界，若能接通天地，涵纳天地人和，则此人与无为之大道相合而可为人之"大王"，故曰"道大，天大，地大，王亦大。国中有四大，而王居一焉"。

若君王能与天地合其德，与日月合其明，与四时合其序，与鬼神合其吉凶，效法地之承载万物，生育万物而不恃；效法天之虚怀广大，涵容万物；效法道之自然清静无为，少私寡欲、与世无争、为腹不为目、为而不恃、功成不居。如此以道修之于身、治之于国，则身修、国治。故曰"人法地，地法天，天法道，道法自然"。

第七十章

（通行本第26章）

（通行本第26章）

【经文】

重为轻根，静为躁君。

是以君子终日行，不离其辎重。

虽有环^①官，燕处则超若。

若何万乘之王，而以身轻于天下？

轻则失本，躁则失君。

【义贯】

重（指身）**为轻**（身外之物，功名富贵）之**根本**，身无，则身外之物安在（第 7 章"名与身孰亲，身与货孰多"）？虚

---

① 帛书甲乙本均作"环官"，通行本作"荣观"。徐志均《老子帛书校注》释"环官"为"环卫"；熊春锦《老子德道经》释"环"为"玉璧类"，"官"则通"馆"，即房舍；高明《帛书老子校注》勘校作"营观"，释为"营建之亭台楼榭"，"与'燕处'互成对语"。笔者从帛书本作"环官"，意则从熊春锦，即如同玉璧一样奢华高贵的馆舍，并从高明"与'燕处'互成对语"之说。

静少欲为急躁多欲之**君**（"君"即主宰，喻性、道，静可以制躁，第8章"躁胜寒，静胜热"）。

是以君子终日行军，**不离其**粮草**辎重**（"辎重"喻身心性命，军队须臾不能离，离则军队必亡）。

虽有环（玉璧）**官**（同馆，即馆舍，环官即如同玉璧一样奢华高贵的馆舍）而不住，反而恬淡**燕处**于闲馆（闲馆即清闲之馆舍，与"环官"相对，燕子身轻，燕居闲馆即如同燕子一样安居、闲居，心无挂碍，无闲事挂心头，此即观其徼，心上放下）**则超**然物外**若**（样子、容貌），不沉溺于物欲而伤性。

若何万乘之王（天子，俗君），舍重而取轻，**反而以身轻于天下**（以身为天下之轻，而以物为重）？

贪着轻（身外之物，功名富贵）**则失**身之根**本**（根，重为根，今既舍重取轻，故失根本），**躁**动多欲**则失君**（性、道）营①。

【诠释】

身为内财，为重、为本；功名富贵等身外之物则是外财，为轻、为末。外财需依附于内财，内财为根本，没有内财，外财亦将无所依附，如身是1，功名富贵皆是0，没有1，再

---

① 按憨山大师《老子道德经注》，此章结合《庄子》"养生""让王"篇更易理解。

多的 0 都等于 0，一旦无常到，万般皆归零。内财如同大树之根，而外财则如枝叶，根深则叶茂，根死则叶落，枯木逢春犹再发，为何？因为根还在，故曰"重为轻根"。

当内心躁动不安、多私多欲时，唯有让心空下来、静下来，少私寡欲，方能降服躁动。可知静能制动，寡欲能制多欲，故曰"静为躁君"。

对修道之君子而言，道即是其重者、静者，是其根、君，是故君子须臾不能离道，如同军队不能离开粮草辎重，离则军队必败亡。君子离道，则身不能修、家不能齐、国不能治、天下不能平，故曰"是以君子终日行，不离其辎重"。

普天之下，莫非王土，有道之君王，虽拥有举天下之尊荣显贵，但却不以为有，在拥有中超越，恬淡清净，超然物外而不被物累，如同虽然拥有豪华别墅而不住，反而乐居于乡间小屋，故曰"虽有环官，燕处则超若"。

但失道之君王则刚好相反，不知孰轻孰重，舍其重之身而取其轻之财，荒淫无度，沉溺于声色货利，失其根而取其枝，舍其本而逐其末，可谓本末倒置，故曰"若何万乘之王，而以身轻于天下？轻则失本，躁则失君"。

第七十一章

（通行本第27章）

善行者无辙迹，善言者无瑕谪，善数者不以筹策，善闭者无关钥而不可启也，善结者无绳约而不可解也。

是以圣人恒善救人，而无弃人，物无弃材，是谓袭明。

故善人，善人之师；不善人，善人之资也。

不贵其师，不爱其资，虽知乎大迷，是谓妙要。

真正**善**（即不住相，心上放下，佛法谓三轮体空）**于行路者**，来无所黏，过无留下任何车**辙**马**迹**（痕迹），**善言说者无瑕**（瑕疵、缺点）**谪**（指责、挑剔，"瑕谪"即谪瑕，指责缺点），**善数**（计算）**者不以**（用）**筹策**（计数之器），**善关闭者无须关钥**（门锁）**而不可开启也，善打结者无须绳约**（绳子）**而不可解**开**也。**

260

　　是以圣人守道无为，善行、善言、善数、善闭、善结，亦**恒善**于**救人，而无弃人**（无分别心，第46章"皆知善，斯不善矣"，第25章"人之不善也，何弃之有"）。

　　圣人物无弃材（物即是材，弃物即弃材），**是谓袭**（顺）于**明**（明即不分别善恶之常道，第60章"知常明也"，袭明即合乎大道）。

　　故世人心中所谓的**善人**，乃是真正的**善人**（指不分别善恶之圣人）**之师**（见贤思齐）。世人心中所谓的**不善之人**，乃是**善人**（圣人）**之资**①（资即助，引申为教化，善人之资即圣人所教化的对象，或其传道的助缘、资粮）**也**。

　　圣人不贵（以为贵，即不分别贵贱）**其师**（善人，不贵其师即第47章"不上贤"），**不爱**（没有爱憎之别，不爱亦不厌弃）**其资**②（不善之恶人，即不排斥"非贤"），不贵、

---

①　徐志均《老子帛书校注》释"资，借鉴之依据。伪言劣行之人，正是众人之鉴戒"，表面看似乎亦并无不妥，"善人之师"即见贤思齐、择其善者而从之，"善人之资"则与之对应为"见不贤而内省、其不善而改之"，但此处老子是在宣说圣人"恒善救人，而无弃人"，即无分别心教化人，故而释"资"为"借鉴"不妥。

②　高明《帛书老子校注》及徐志均《老子帛书校注》均引《韩非子·喻老》"文王举太公于渭滨者,贵之也;而资费仲玉版者,是爱之也"释"不贵其师,不爱其资"，笔者觉得未得老子本旨，不妥：须知文王所谓"爱"费仲，是利用，是巧智；而老子谓"爱"，是没有爱憎之二元对立，是"圣人不仁"之大仁。

爱其师，不贱、憎其资，视众生如刍狗，恒善救人而无弃人，这样的圣人**虽知**（智，合乎大道）**乎**（而）世人却**大迷**惑不解（第35章"知我者希，则我贵矣"），殊不知这正**是谓**大道之**妙要**[①]（深远精微，第80章"是谓微明"）。

【诠释】

真正善于修行者，既善于事上拿起，亦善于心上放下，既无所住，亦生其心，离四相而修十善，妙行而不住，如雁过长空，影沉寒水；如镜鉴明，来无所黏，过无踪迹；如船过水无痕，鸟飞不留影；因上努力，果上随缘，成败得失皆不会往心里去，心无挂碍，自在解脱，如此不求功德而功德自来。如为善而欲人知，如此最多算阳善，"善处即是恶根"，唯有为善而不求报，为善而不欲人知，方是真"善行"，方是阴德，而"阴德，天报之；阳善，享世名，世间享盛名而实不符者，必有奇祸！"圣人持般若慧入世，故曰"善行者无辙迹"。

观其行如此，听其言亦然，乃至计划筹算等世间之事无不如是，如六祖所言："常应诸根用，而不起用想，分别一切法，而不起分别想。"亦如电子警察而非道德警察，善于分别

_____

① 本章若结合第46章或有助于理解。

而不执着，分别而不占有，善助人而不求报，故曰"善言者无瑕谪，善数者不以筹策，善闭者无关钥而不可启也，善结者无绳约而不可解也"。

因此修道之圣人，居无观有，故要"行、言、数、闭、结"，事上要拿起；居有观无，心上要放下，为而不恃，不求回报，不执不住，此方能谓之"善"，即"善行、善言、善数、善闭、善结"。在有道圣人心中，不知善之为善、恶之为恶，无善人恶人之分，故而没有可救之善人、不可救之恶人之分别歧视，不分善恶一视同仁，一同教化，使之同入无为之道。如物物皆有其用，皆是可用之材，物尽其用，无论长短大小，故曰"是以圣人恒善救人，而无弃人，物无弃材，是谓袭明"。

道之体本无善恶，然世人离道悬远，心中会按自己标准定义所谓善人恶人。然在圣人心中，无有分别心，无论善人与不善人，皆是圣人修道的对境，见贤思齐，见不贤而内自省。若遇善人，则以其为师，向对方学习，故曰"故善人，善人之师"。

而遇见世人所谓的不善之人，圣人则会随缘教化，视其为自己的学生（教化对象），故曰"不善人，善人之资也"。

圣人不知善之为善、恶之为恶，故不会抛弃每一位有缘之人，不会刻意敬重所谓善人，亦不厌弃所谓恶人，视众生如刍狗，故曰"不贵其师，不爱其资"。

　　这样的圣人、智者与深远精微之道相应，而世人却迷惑不解，故曰"虽知乎大迷，是谓妙要"。

第七十二章

【经文】

知其雄，守其雌，为天下溪。

为天下溪，恒德不离。恒德不离，复归于婴儿。

知其荣，守其辱，为天下谷。

为天下谷，恒德乃足。恒德乃足，复归于朴。

知其白，守其黑，为天下式。

为天下式，恒德不忒。恒德不忒，复归于无极。

朴散则为器，圣人用则为官长，夫大制无割。

【义贯】

圣人**知其雄**（好为上、强梁），安**守其雌**（好为下、柔弱，大雄若雌），甘**为天下溪**谷（低洼地，第29章"江海之所以能为百谷王者，以其善下之"）。**为天下溪**，**恒**常之**德不**分**离**；**恒德不离**，**复归于婴儿**般柔弱无为（"婴儿"喻道，第54章

"抟气致柔,能婴儿乎",第 64 章"我泊焉未兆,若婴儿未咳",第 18 章"含德之厚者,比于赤子……终日号而不嚘,和之至也")。

知其荣,安守其辱(大荣若辱,第 57 章"宠辱若荣"),**为天下空谷**(虚怀若谷)。**为天下谷,恒**常**之德乃具足;恒德乃足,复归于朴**(原木,喻道)。

知其白,安守其黑(大白若黑),**为天下之楷式。为天下式,恒**常**之德不忒**(错失)**;恒德不忒,复归于无极**(不可穷尽,第 79 章"用之不可既也",第 22 章"无不克则莫知其极")之道。

朴(道)**若散则为器**(第 76 章"始制有名")物而能起妙用,**圣人用之**(无名之朴,无为之道)治天下**则为官长**(人君),**夫伟大的制作**("制"即制造,即将朴制造为各种木器,第 76 章"始制有名"。"制"亦喻"治",治理,"大制"即善治,第 52 章"政善治")**无须要割截**("割"即分割、割截,分彼此界限,割则失"一"),割则失无为之道矣!

【诠释】

据唯识学《八识规矩颂》,修道者在进入不动地(八地),才开启第八识净化的新纪元,达到第八识净化的转折点,一直到金刚喻定方不会再退转,不会有"守道"之说。而在此之前，皆可能退转（失道）。

修道如攀缘无枝之树，才住脚，便下坠，如逆水行舟，不进则退。故老子教人入道功夫，同时亦教人如何守道。

如何守？退守！守众人所恶之"雌、辱、黑"，守于下、守于不争、守于柔弱无为，果能如是守，则极易入道而不失。故曰"知其雄，守其雌，为天下溪。为天下溪，恒德不离；恒德不离，复归于婴儿。知其荣，守其辱，为天下谷。为天下谷，恒德乃足；恒德乃足，复归于朴。知其白，守其黑，为天下式。为天下式，恒德不忒；恒德不忒，复归于无极"。

道之用，如同木工将原木裁割分散，然后制造为各种木器，从而起各种妙用。对于圣人来说，其执持无为之道治国，则可为人君为王为侯，故曰"朴散则为器，圣人用则为官长"。

然由朴而器，此制作必须要用锯、刨、锉、凿等木工工具来分"割"。上等的木匠，无需借助刀锯割截而浑然天成。同样，世俗之君治理国家，亦需要"割"：地要分割、部门职能要分割、人亦要分割为三六九等，此皆系有为巧智；而真正善治国者，持清静无为之道，割而无割。如同老师把全班学生（朴）分割成绩好的、成绩差的，勤奋的、懒惰的，有天赋的、无天赋的，逻辑思维强的、形象思维强的……老师对同学的特点了然于胸（表面有割），但老师对学生没有分别心，都一视同仁（无割），同样关心学生的学习，唯因不同根器而用不同教育方法。看似有别，实则无别，看似有割，实则不割，形有割，心无割，分别一切法，不起分别想，悲不舍众生，故曰"夫大制无割"。

第七十三章

【经文】

将欲取天下而为之，吾见其弗得已。

夫天下神器也，非可为者也。

为者败之，执者失之。

故物或行或随，或嘘或吹，或强或羸，或培或堕。

是以圣人去甚，去泰，去奢。

【义贯】

将欲取天下而为（以有为而为）**之者**（即欲以有为取天下），**吾见其弗得已**（不能成功）。**夫天下神器**（万物、万民，第72章"朴散则为器"）**也**，有神主之，**非可有为**（巧智）**者**所能得**也**，非可执也。

而欲**为**有为**者必败之**，**执**着**者**（亦即为者、有欲求者）**必失之**（第27章"为之者败之，执之者失之。是以圣人无为也，故无败也；无执也，故无失也"）。

故世人善于虚妄分别万事万**物**之**或行**于前**或随**于后，**或嘘**（缓出气，性缓）**或吹**（急出气，性急），**或刚强或赢**弱，**或培**（造就、建造）**或堕**（毁坏）。（第 46 章"天下皆知美之为美，恶矣；皆知善，斯不善矣。有无之相生也，难易之相成也，长短之相形也，高下之相盈也，音声之相和也，先后之相随，恒也"，第 64 章"唯与诃，其相去几何？美与恶，其相去何若"即与此同义。）

是以圣人则不一样，**去**（远离）**甚，去泰，去奢**（甚、泰、奢皆是过分之意，即"行、随、嘘、吹、强、赢、培、堕"，偏堕任何一边皆会失于中道）之二元对立（即第 46 章"是以圣人居无为之事，行不言之教"）。

【诠释】

人君欲以有为之巧智治天下，则必不能成功，为何？"地法天，天法道，道法自然（无为）"，有为与自然无为相悖，人君唯有效法自然无为之道，方能取天下治天下，否则必败无疑，故曰"将欲取天下而为之，吾见其弗得已。夫天下神器也，非可为者也。为者败之，执者失之"。

清静无为道之体，本无善无恶，而世人则善于虚妄分别万事万物，落入二元对立、偏堕一边，或好强而厌赢，或好行于前而不欲居于人后，或好破坏而不欲建设，或好此而厌彼，故曰"故物或行或随，或嘘或吹，或强或羸，或培或堕"。

世人的本能会奔甚、奔泰、奔奢，从一个极端到另一个极端，如同钟摆，或如新手司机，不是偏左就是偏右，唯难于走在中道，此皆系有欲有为而非无欲无为之道。

而圣人则不一样，有无并立，妙徼齐观，空有不住，破除边见，清心寡欲，了知"行或随、嘘或吹、强或羸、培或堕"皆是虚妄幻化之相，皆不可得，凡是二元对立并偏堕任一边，都是"甚、泰、奢"，都是执着，都要破除，如此方合于清静无为之中道智，方能"取天下"，故曰"圣人去甚，去泰，去奢"。

第七十四章

【经文】

以道佐人主，不以兵强于天下，其事好还。

师之所居，荆棘生之。

善者果而已矣，毋以取强焉。

果而毋骄，果而勿矜，果而勿伐，果而毋得已居，是谓果而不强。

物壮而老，是谓之不道，不道早已。

【义贯】

以无为之**道**辅**佐**之**人主**（有道之人君），**不以兵强于天下，其事好还**（反转，转化，由强转弱）。**师之所居**（过之地），害人损物，庄稼不长，唯**荆棘**丛**生之**。

善（用兵）**者，果**（禁暴济乱，除暴安民）**而已**（止）**矣，毋以取强焉**（逞强好战）。

具体来说，就是**果**（目的达到）**而毋**恃强而**骄，果而勿**

矜夸而妄自尊大，**果而勿伐**（自我夸耀），**果而毋得已**（"已"即甚、过分，"毋得已"即不要太过分，与第 73 章"将欲取天下而为之，吾见其弗得已"及第 75 章"不得已而用之"之"弗得已、不得已"意义不同）**居**（自居，自恃）[1]，**是**（指毋骄、勿矜、勿伐、毋得已）**皆谓果而不**以逞**强**。

物壮而易老，兵强亦然（第 41 章"兵强则不胜"），取强**是谓之不**行柔弱无为之**道，不行道**必早已（灭亡，第 5 章"强梁者不得其死"）。

【诠释】

有道之人君守柔弱无为，必不好战，不争强好胜，除非为了禁暴济乱、除暴安民或者抵御外辱不得已而战，但均适可而止、点到即止，否则，必定会适得其反，故曰"以道佐人主，不以兵强于天下，其事好还。师之所居，荆棘生之"。

善用兵者，禁暴济乱，除暴安民或者抵御外辱目的达到就可以了，切勿乘胜追击，"痛打落水狗"，或妄自尊大、恃

---

[1] 此"居"字，高明《帛书老子校注》释为"助词，与'者'、'诸'义同"，徐志均《老子帛书校注》亦作语气词解释。笔者综合上下文，认为当作"自居、自恃"，与第 46 章"成功而弗居，夫唯弗居"之"居"同义，"果而毋得已居"则与"果而毋骄，果而勿矜，果而勿伐"义同，皆是展开说明"毋以取强焉"，最后则以"是谓果而不强"总结。

强而骄、自我夸耀，故曰"善者果而已矣，毋以取强焉。果而毋骄，果而勿矜，果而勿伐，果而毋得已居，是谓果而不强"。

欲逞强则失柔弱之道，如世间争霸战、商业大战、财产遗产争夺战、子女争夺战、家庭冷战热战，乃至口水战，如是种种战，战后无不"荆棘生之"，即便暂时胜（壮），然最终必衰退败亡！故曰"物壮而老，是谓之不道，不道早已"。

第七十五章

【经文】

夫兵者，不祥之器也。物或恶之，故有裕者弗居。

君子居则贵左，用兵则贵右。

故兵者非君子之器也。

兵者不祥之器也，不得已而用之，恬淡为上。

勿美也，若美之，是乐杀人也。

夫乐杀人，不可以得志于天下矣。

是以吉事上左，丧事上右；

是以偏将军居左，上将军居右，言以丧礼居之也。

杀人众，以悲哀泣之。

战胜，以丧礼处之。

【义贯】

夫兵者，乃是**不祥之器**（第80章"邦利器不可以示人"）

也，造**物或恶之，故有裕**（道）**者**（人君）**弗居**（避战，第66 章"曰余食赘行。物或恶之，故有裕者弗居"）。

何以知之？

观**君子**所**居则贵左**（以左为贵，君子谦下而乐善好施，故位尊），**用兵则贵右**（以右为贵，用兵崇尚武力，故位卑），然右乃凶地，**故兵者非君子之器也。**

兵者不祥之器也，万一**不得已而用之，**当以**恬淡为上。勿**以胜之为**美也，**不可炫耀其强，当以慈卫之（第 32 章"夫慈，以战则胜，以守则固"），**若美之**（以胜之为美），则**是乐**于**杀人也。**

夫乐杀人，不可以得志于天下矣。

是以世间之**吉事上左**（以左为上位），**丧事上右**（以右为上位）；**是以**兵家**偏将军**（将军的辅佐）**居左**之吉位，居于统帅地位之**上将军**则**居右**之凶位，盖因上将军司杀更重，**言**（这是说）上将军是**以丧礼**的顺序**居之**右位**也。杀人众**多，当**以悲哀**之心哀而**泣之。**

不得已而用兵，若**战胜**了，则杀人必多，乃不祥之事，故当**以丧礼处之**而不是炫耀。

【诠释】

天道好生不好杀，《大智度论》曰："诸余罪中，杀罪最重"。印光大师说："凡是动物，皆知疼痛，皆贪生怕死。"动物如此，何况人类！《楞严经》曰："以人食羊，羊死为人，人死为羊。如是乃至十生之类，死死生生，互来相啖。恶业俱生，穷未来际。"

刀兵所至，家破人亡，妻离子散，尸横遍野，田地荒芜，有道之君皆会竭力避免征战杀伤，故曰"夫兵者，不祥之器也，物或恶之，故有裕者弗居"。

观世间皆以左为尊，左为吉地；而右为凶地，位卑下。君子位尊而居左，用兵则位卑而以右之凶位为贵，故曰"君子居则贵左，用兵则贵右，故兵者非君子之器也"。

为争强斗胜而用兵，必然招致不吉祥之果报，除非为了除暴安良或者抵御敌人入侵，至万不得已而用兵，若战胜了，则当以丧礼来祭奠被杀之人，切勿以为是美事而炫耀，若喜欢炫耀，则是好战好杀之人，好杀伤慈，失无为之道，不可以得天下，故曰"兵者不祥之器也，不得已而用之，恬淡为上。勿美也，若美之，是乐杀人也。夫乐杀人，不可以得志于天下矣"。

如同世间皆以左为上、为尊、为吉，以右为下、为卑、为丧，因此将军的辅佐杀人少、杀业轻而居左，统帅上将军则因杀人多、杀业重而居右，故曰"是以吉事上左，丧事上右；是以偏将军居左，上将军居右"。

可见上将军是以丧礼的顺序居于右之凶位，故曰"言以丧礼居之也"。

不得已而用兵，若战胜了，则杀人必多，乃是不祥之事，故当以悲哀之心哀而泣之、以丧礼处之而切勿炫耀，故曰"杀人众，以悲哀泣之。战胜，以丧礼处之"。

第七十六章

（通行本第32章）

【经文】

道恒无名，朴虽小，而天地^①弗敢臣。

侯王若能守之，万物将自宾。

天地相合，以雨甘露，民莫之令而自均焉。

始制有名，名亦既有，夫亦将知止，知止所以不殆。

譬道之在天下也，犹小谷之与江海也。

【义贯】

道恒（终古不变，不生不灭）**无名**（第45章"名，可名也，非恒名也。无名，万物之始也"），**朴**（无名之道，第81章"吾将镇之以无名之朴"）**虽渺小**不可得见（为何小？第78章"万物归焉而弗为主，则恒无欲也，可名于小"）

---

① 帛书甲乙本均作"天下"，唯楚简本作"天地"，道在天地之间，不仅仅在天之下，结合下文"天地相合，以雨甘露"之"天地"，笔者从楚简本作"天地"。

但其为天地万物之本，**故而天地**之间**弗敢臣**（轻视）它，**侯王若能守之**（无为之道），天下**万物将自然宾服**（第79章"执大象，天下往"，第24章"大邦以下小邦，则取小邦"），何须大动干戈！

人君行无为之治，如**天地相合，以雨甘露，民莫之令**（不用命令，听其自然）**而自然均**调（不平自均）**焉**。

朴本无名，**始**（道、朴，第45章"无名，万物之始也"）经**制**作而**有名**（道本无名，经裁割以后即有名貌，第72章"朴散则为器"），从无名而有名，既有名，而名又有名，如从0到1，有1则有n，将不知其所止，愈追名则离道（朴）愈远，**故名亦既有，夫亦将**及时**知止**（第27章"为之于其未有也，治之于其未乱也"），**知止所以不殆**（危险，第60章"没身不殆"，第73章之"是以圣人去甚，去泰，去奢"，第7章"故知足不辱，知止不殆"，第15章"没身不殆"）。

譬道之在天下也，犹小谷之与江海也（倒装句，"犹江海之与小谷"，道如大海，天下如小谷，第29章"江海之所以能为百谷王者，以其善下之，是以能为百谷王"）。

【诠释】

道之体虽不可见不可名，但其为天地万物之本，天地之间没有谁敢轻视他，故曰"道恒无名，朴虽小，而天地弗敢臣"。

人君若能守道，万物来宾，和气致祥，故曰"侯王若能守之，万物将自宾"。

上之君行无为，则天地亦效法自然无为之道，下之民各遂其生，社会自然和谐，故曰"天地相合，以雨甘露，民莫之令而自均焉"。

道本无名，然无名之道所生之万物则有（假）名，故曰"始制有名"。

若不知止而追逐有名之五色、五音、五味，不返朴归道，则危险日近！为何？五色令人目盲，瞎子奔走于悬崖之边，岂没有危险？五音、五味亦然。若能知足知止，不被五色、五音、五味等尘境等蒙蔽六根，则平安无恙，故曰"名亦既有，夫亦将知止，知止所以不殆"。

此与第53章之"持而盈之，不若其已"，第73章之"是以圣人去甚，去泰，去奢"相似，都是讲要适可而止。但本章实则又更进一层：前面两章是讲要止，本章是讲为何要止，因为知止，则无殆（危险）；反之，若不知止，则必有殆！

"万两黄金是虚浮，千思万想用计谋，有了一千想一万"，世人的欲望如同吹气球，缺乏智慧，很难知止，直到"吹爆"为止。

有道之圣人，其胸怀如海，天下归附，如百川自然归于大海，此即以无为之道取天下，不取而取，取而不以为取，故曰"譬道之在天下也，犹小谷之与江海也"。

第七十七章

【经文】

知人者智也，自知者明也。

胜人者有力也，自胜者强也。

知足者富也，强行者有志也。

不失其所者久也，死而不亡者寿也。

【义贯】

能**知人**之好恶而行巧诈**者**，谓之巧**智**（第28章"民之难治也，以其智也"，第63章"绝圣弃智，民利百倍"）**也**，能**自知**真常柔弱之道**者**，可谓之**明**（"明"指能知常道而不知巧智，第60章"知常明也"，第67章"不自见故明"，第66章"自见者不明"，第37章"是以圣人自知而不自见也"）**也**。

好战且暂时战**胜**他**人者**，只能谓强大有**力**（坚强好胜）**也**，能**自**己战**胜**自己**者**，方谓之真正的**强**（"强"谓柔弱不争，第15章"守柔曰强"，第38章"天之道，不战而善胜"）**也**。

唯有能懂得**知足者**方是真正的**富者也**（第 67 章"少则得，多则惑"，第 7 章"甚爱必大费，多藏必厚亡。故知足不辱，知止不殆，可以长久"，第 9 章"祸莫大于不知足……故知足之足，恒足矣"）。

逞强好胜者非真有大志，唯有**强**（勤勉）**行道者**方谓真**有志**（"有志"即勤勉行道，第 3 章"上士闻道，勤能行之"）**也**。**不因养生而失其**身所寄之场**所**（性）**者**方谓长**久**（尽其天年）**也**，得道者，虽身**死而**道**不亡者**谓之真长**寿**（不生不灭）**也**。

【诠释】

世间所谓聪明之人，仅能认知他人而不能认知自己，故只能谓巧智、小聪明，非大智慧。只知外照者，必昧于真常之道，故唯有返观内照，不被五色五音等外六尘蒙蔽，方能入道而谓之明慧，故曰"知人者智也，自知者明也"。

同样，好为强梁，能暂时战胜他人者，非真正的强者，为何？强中还有强中手，再强者亦有强敌。彼再强，亦终将被自己无尽欲望所胜。彼再有力，我亦能以柔弱胜之，能胜人之强，非真强。真正强大的敌人是自己，故能甘居柔弱，少私寡欲，能降服自己内心之贪欲、烦恼这一大敌者，方谓之真正的强者。如寂天菩萨所言，"制惑真勇士，余为弑尸者"，故曰"胜人者有力也，自胜者强也"。

若不知足，虽为天子，富有四海，亦必横征暴敛以伤民，欲望无尽，需要不多而想要太多，永不满足，故看似富有而实则贫穷。唯有能懂得知足者方是真正的富者，故曰"知足者富也"。

"有志者事竟成"，能精勤行道者乃是真正胸怀大志，其余醉心于追逐世间声色货利者皆是小志，故曰"强行者有志也"。

养性而不养身，养本而不养末，如此方不失其根本，方能得道，虽身死而道不亡，悟入不生不灭之恒道，此谓之真长寿也，故曰"不失其所者久也，死而不亡者寿也"。

本章继续言知足知止，但相比上一章"知止，所以不殆"又再进一层，上一章是讲不知止会有危险，知止则安全，本章则讲知止不仅仅没有危险，而且还会更加富有，不仅不会被惩罚，而且还会得到奖赏（富）。

第七十八章

（通行本第34章）

道泛呵，其可左右也。成功遂事而弗名有也。

万物归焉而弗为主，则恒无欲也，可名于小。

万物归焉而弗为主，可名于大。

是以圣人之能成大也，以其不为大也，故能成大。

道泛（泛即广泛、泛滥，指道体虚而无所不在，如虚空）**呵，其可左右也**（周行而无所不至，无论左右上下前后，第48章"道盅，而用之又弗盈也"），**成功遂事而弗名有也**（功成而不居功）。

万物都来归附焉（第79章"执大象，天下往"）**而弗**以**为**自己是**主**宰者，至淡无味，**则恒无欲**（虚静无为）**也，可名于小**（柔弱谦恭卑下，从内心谦下来说可以称之为小）。

万物都来归附焉而弗以为自己是**主**宰者，**可名于大**（从

286

其成就万物之功及胸怀来说可以称之为大。第 69 章 "吾未知其名，字之曰道。吾强为之名曰"大"。"道大，天大，地大，王亦大"）。

是以圣人之能成大（大即道之体大，成大即悟道）**也，以其**与柔弱之道体为一，虽成就大业**不以为大也**（第 67 章 "夫唯不争，故莫能与之争"），**故能成大。**

【诠释】

道之体如虚空一样泛及法界，能生成万物，却非有意要生，其不执着所生之物、不执着生万物之功。如白云"生"出苍狗，并非有意要生，故白云不会执着苍狗，不会邀所生之功，故曰"道泛呵，其可左右也。成功遂事而弗名有也"。

其所生之万物虽然都来归附，但却不自认为有功，不以主宰者自居，不寻求万物回报，无欲无求，卑微谦柔，此即无我无人，故曰"万物归焉而弗为主，则恒无欲也，可名于小"。

虽然万物都来归附，却没有丝毫控制欲，内心无我无人，故能如虚空一样涵容万物，任万物自由生长，其胸怀可谓博大，故曰"万物归焉而弗为主，可名于大"。

圣人与无为之道合，居无观有，善于拿起，能成就大业；居有观无，观所成之大业不过缘生缘灭，不可得不可求，善于放下，故虽成就大业而不执着，不自以为有功，不执着"大

287

业"之相，业再大都是相，都可名，凡有大小之别，都是小，都有生灭；而道之体大则是无大小之别，不生不灭。圣人不执事业之大小相，即不知大之为大、小之为小，因此能悟见无有边畔、亦无方圆大小道之体"大"，故曰"是以圣人之能成大也，以其不为大也，故能成大"。

第七十九章

（通行本第35章）

执大象，天下往。

往而不害，安平太。

乐与饵，过客止。

故道之出言也，曰淡呵其无味也，

视之不足见也，听之不足闻也，用之不可既也。

【义贯】

执大象（大道）者，**天下必往**而归附之（第29章"江海之所以能为百谷王者，以其善下之"，第78章"万物归焉"），**往而不受其害**（第29章"居前而民弗害也"，第78章"万物归焉而弗为主""以其不为大也"），反而得其爱抚，**安**宁**平**和通**太**（泰）。

美妙音**乐**（五音）**与饵**（五味、美食），皆能刺激人之欲望，令**过客止**步（驻足停留）而贪之。

故恒常虚无大**道之出言**（勉强用语言来描绘，道本无言，虽言而无言）**也**，则无形无象，不能用眼耳鼻舌身等感知，**曰清淡**（淡然无味）**呵其无味**道也，**视之不足见也，听之不足闻也**（第58章"视之而弗见，名之曰微。听之而弗闻，名之曰希。捪之而弗得，名之曰夷"，第78章"恒无欲也"），无可欲者，**然用之**（道）修身则延年益寿，治国则国安民昌而**不可既**（尽）**也**。

【诠释】

大道之体虽不可见不可闻，然天下万物无一能离开道，如虚空一样，虽能接纳万物在其中生灭，但虚空却不会损害、干预万物生灭，故曰"执大象，天下往。往而不害，安平太"。

色声香味，能刺激人之欲望，令人追逐、贪婪，乐动听、饵美味，虽无常生灭，终归有尽，但却能引诱世人贪执追逐，故曰"乐与饵，过客止"。

而大道之体，则异于色声香味，超乎声色名相，虽然不可见、不可闻、不可尽、不可欲，但若不执着可见、可闻、可尽之"乐与饵"，则可入道，入道者，以道修身则身健，以道治国则国泰，故曰"故道之出言也，曰淡呵其无味也，视之不足见也，听之不足闻也，用之不可既也"。

第八十章

（通行本第36章）

将欲翕之，必固张之；将欲弱之，必固强之；将欲去之，必固举之；将欲夺之，必固与之。

是谓微明。

柔弱胜强。

鱼不可脱于渊，邦利器不可以示人。

将欲翕（收敛）之，必固（暂且、先）张（放任）之；将欲削弱之，必固增强之；将欲去（废）之，必固举（兴旺）之；将欲夺之，必固给与之，乃至将欲亡之，必故狂之；将欲得之，必固舍之……但此规律与常人之认知相反，世人不识，是谓微妙幽深难以明白的道理，即柔弱（张之、强之、举之、与之）胜强这个道理（第43章"柔之胜刚，弱之胜强，天下莫弗知也，而莫能行也"），唯有圣人方能知能行。

如同**鱼**潜行于渊而**不可脱**离**于渊**（泉、水，喻道），脱于渊则死矣！故**邦**之**利**（利即锋利，与柔互反）**器**①（利器即锋利兵器和严刑峻法，喻强、喻有为，与柔弱无为相对，第75章"夫兵者，不祥之器也"，第30章"有甲兵无所陈之"）乃

---

① 关于"国之利器"，历来注疏有诸多解读，笔者认为，当作"锋利兵器"和"严刑峻法"解。"锋利兵器"指对外，"严刑峻法"则指对内。

对外，国之利器示人，即国君展示其"锋利兵器"，则或为炫耀、或为征伐，有甲兵而陈之（第30章"有甲兵无所陈之"），好为强梁，而强梁者不得其死（第74章"物壮而老，是谓之不道，不道早已"，第5章"强梁者不得其死"，第41章"坚强者死之徒也"）。国君有道，以柔弱自居，不以兵强天下（第74章"以道佐人主，不以兵强于天下"）。国之利器示人，则是以兵强天下，系不"以道佐人主"，即人君无道，失于柔弱无为，人君失道，国必亡，如鱼离于水必死。

于内，国之利器示人，即人君以"严刑峻法"宣示于国人，则为恐吓臣民，使之产生畏惧感，此系以巧智控制臣民，系刚强而非柔弱，系有为而非无为。是故利器示人则必好强善用巧智，好强善用巧智则失于柔弱无为之道，失道则如鱼之脱于渊而国亡家破！

憨山大师据《庄子》，谓"利器"乃指的圣人，不示人即绝圣弃智。但根据《庄子·胠箧》及《庄子·马蹄》，庄子所说的"圣人"非指老子所谓得道圣人，而是失道失德而大讲仁义的所谓圣人，即行有为而非清静无为之圣人，即"俗君"。此等"圣人"失无为之道，好有为，执"国之利器"，于内施行严刑峻法，于外侵略扩张，好为强梁（强梁者不得其死），如此失柔弱之道，则如鱼离开水，必亡！故而憨山大师作"圣人"释，即圣人执国之利器，亦是正解。

不祥之器，国君**不可以**轻易展**示**于**人**，唯有万不得已才能使用（第 75 章"不得已而用之"），轻易示人则失柔弱无为之道，失道则如鱼失去水一样，国必亡。

【诠释】

日之将坠必愈灿，月之将缺必极圆，灯之将灭必愈明，天之将明必极暗，此乃天时人事之自然规律。明白了这个规律，若欲擒之必先故纵之，将欲亡之，必故狂之；将欲得之，必固舍之。同样，欲翕之、欲弱之、欲去之、欲夺之莫不如是，故曰"将欲翕之，必固张之；将欲弱之，必固强之；将欲去之，必固举之；将欲夺之，必固与之"。

此先"张之、强之、举之、与之"而最终"翕之、弱之、去之、夺之"，即是柔弱胜刚强之道，但此道极为微妙难明，与常人之认知相反，世人不易识知，唯有圣人方能知能行，故曰"是谓微明。柔弱胜强"。

如同鱼离不开水一样，人君（如鱼）若离于柔弱无为之道（如水），好以国之利器展示于人：于外，利器示人即炫耀显示兵之利器，好为强梁；于内，利器示人即以严刑峻法恐吓臣民，使民产生畏惧感，此悉皆系有为，如此则国必难治！故曰"鱼不可脱于渊，邦利器不可以示人"。

第八十一章
（通行本第37章）

道恒无为也①，侯王若能守之，万物将自化。

化而欲作，吾将镇之以无名之朴。

镇之以无名之朴，夫将不欲。

不欲以静，天地将自正。

《道》二千四百廿六②

---

① 帛书甲乙本均为"无名"，楚简本作"无为"，据徐志均《老子帛书校注》，此处当从楚简本作"无为"。笔者认为，虽第76章亦言"道恒无名"，但显然两章所诠释内容不一；再则本章系帛书本全书最后一章，老子继前80章开示"无为"之道后，恐行道者又执着"无为"法，故在全经结尾处告诫"无为"亦不当为，不当执着，方是真无为，此乃涤荡"无为"法之法执，故而当从楚简本作"无为"。

② 本章是帛书本《道》经最后一章，乙本结尾有"二千四百廿六"（甲本无），表《道》经部分字数。

道**恒**常而清静**无为也，侯王若能守之**（无为之道），则于世间**万物**（财色名利）之欲望**将自**然如冰雪融**化**。

欲望融**化**久**而**道心衰退，又执万物为实有而贪**欲**之心复**作**（有为），**吾将镇之以无名之朴**（朴，即无为，此谓"吾将以无名之朴镇之"，即第45章"恒有欲也，以观其所徼"）以降服其欲，即以无为降服有为。

然欲"镇之以无名之朴"亦是欲，故唯有**镇之以无名之朴**这个法门**夫将不欲**（亦不执着），连无为亦不为。**不欲**（执着）镇之以无名之朴**以达静**之极（第60章"守静笃"），达此清静无为之境，**天地将自**然合乎自然无为之**正道**（第76章"天地相合，以雨甘露，民莫之令而自均焉"，第20章"我好静而民自正"）。

《道》经共二千四百廿六字

【诠释】

上之人君若能守持清静无为之道，居有观无，观世间万物将自然犹如幻化，虚妄不实，则内心欲念自然如沸汤消冰，冰雪自然融化，从而少私寡欲，故曰"道恒无为也，侯王若能守之，万物将自化"。

然守道并非易事，稍有松懈，便会退转，有为之心又起，如冰化为水，气温下降，水又复结为冰，又成滞碍，贪欲又起，则仍须以无为法以降服，仍须观其徼，观世间财色名利皆是梦幻泡影，镜花水月，无常变幻，刹那生灭，即"恒有欲也，以观其所徼"，如此观便渐能入无为之道，从而贪欲日渐减少，故曰"化而欲作，吾将镇之以无名之朴"。

"镇之以无名之朴"之法门虽可镇欲，但若执之，则成法执，心中欲念依然未能涤荡殆尽，以新欲镇旧欲，旧欲灭而新欲起，如以药治病，病愈而药留体内，则新病又生，如《楞严经》云："将欲复真，欲真已非真真如性。"故镇之以无名之朴这个法门亦不能执着，即"无为"之念亦无，"无为"亦不为，即佛法谓"空亦空""两边不住亦不住"，《金刚经》"降伏其心"亦不欲。即清静无为之"无为"境相，亦不能执着，若执着依然是有为，非真无为，如同做减法，结果尚未到零；如脱衣服，尚留最后一件"无为"汗衫；如雪地扫脚印，尚有最后一个脚印"无为""朴"没有扫除。故"无为法"之法执亦当破除，连"无为"之念亦无，"无为"亦不为，即"上德不德，是以有德""上德无为而无以为"，如同剥芭蕉树，剥到最后一无所有，《楞严经》谓"去泥纯水，名为永断根本无明"。如此方是真正入道！故曰"镇之以无名之朴，夫将不欲"。

如此玄之又玄，始可达清静无为之境，佛法谓我法二执涤荡殆尽，如此则"地法天，天法道，道法自然"，天象正常运转，地气四时相应，风调雨顺，百姓安居乐业，故曰"不欲以静，天地将自正"。

附：帛书老子勘校复原

此复原本，以马王堆汉墓帛书整理小组编撰的《老子》之"甲本释文"为基准，并重点参考了高明教授《帛书老子校注》进行再次勘校复原。个别有争议之处，则又参考了楚简本等文献并结合笔者个人理解予以勘正。

德　经

一（通行本38章）

上德不德，是以有德；

下德不失德，是以无德。

上德无为而无以为也。

上仁为之而无以为也。

上义为之而有以为也。

上礼为之而莫之应也，则攘臂而扔之。

故失道而后德，失德而后仁，失仁而后义，失义而后礼。

夫礼者，忠信之薄也，而乱之首也。

前识者，道之华也，而愚之首也。

是以大丈夫居其厚而不居其薄，居其实而不居其华。故去彼取此。

二（通行本39章）

昔之得一者，天得一以清，地得一以宁，神得一以灵，谷得一以盈，侯王得一而以为天下正。

其诚之也：

谓天毋已清将恐裂，

谓地毋已宁将恐发，

谓神毋已灵将恐歇，

谓谷毋已盈将恐竭，

谓侯王毋已贵以高将恐蹶。

故必贵而以贱为本，必高矣而以下为基。

夫是以侯王自谓孤寡不谷。

此其贱之本与，非也？

故致数誉无誉。

是故不欲琭琭①若玉，硌硌若石。

---

① 此处帛书甲本残缺，乙本作"禄禄"，通行本作"琭琭"，笔者觉得当从通行本作"琭琭"。

三（通行本41章）

上士闻道，勤能行之。

中士闻道，若存若亡。

下士闻道，大笑之，弗笑，不足以为道。

是以建言有之曰：

明道如昧，进道如退，夷道如纇^①，上德如谷，大白如辱。

广德如不足，建德如偷，质真如渝。

大方无隅，大器晚成，大音希声，大象无形，道褒无名。

夫唯道，善始且善成。

四（通行本40章）

反也者，道之动也；

弱也者，道之用也。

天下之物生于有，有生于无。

五（通行本42章）

道生一，一生二，二生三，三生万物。

万物负阴而抱阳，冲气以为和。

---

① 帛书乙本作"类"，甲本残毁，通行本作"纇"，笔者认为当从通行本作"纇"。

天下之所恶，唯孤寡不谷，而王公以自名也。

物或损之而益，益之而损。

古人之所教，亦我而教人。

故强梁者不得其死，我将以为学父。

六（通行本43章）

天下之至柔，驰骋于天下之至坚。

无有入于无间。

吾是以知无为之有益也。

不言之教，无为之益，天下希能及之矣。

七（通行本44章）

名与身孰亲？

身与货孰多？

得与亡孰病？

甚爱必大费，多藏必厚亡。

故知足不辱，知止不殆，可以长久。

八（通行本45章）

大成若缺，其用不敝。

大盈若盅，其用不穷。

大直如诎，大巧如拙，大赢如朒。

躁胜寒，静胜热，清静可以为天下正。

九（通行本46章）

天下有道，却走马以粪。

天下无道，戎马生于郊。

罪莫大于可欲，

祸莫大于不知足，

咎莫憯于欲得。

故知足之足，恒足矣。

十（通行本47章）

不出于户，以知天下。

不窥于牖，以知天道。

其出也弥远，其知弥少。

是以圣人不行而知，不见而明，弗为而成。

十一（通行本48章）

为学者日益，闻道者日损。

损之又损，以至于无为。

无为而无不为 ①。

取天下也，恒无事；

及其有事也，不足以取天下。

十二（通行本49章）

圣人恒无心，以百姓之心为心。

善者善之，不善者亦善之，德善也。

信者信之，不信者亦信之，德信也。

圣人之在天下，歙歙 ② 焉，为天下浑心。

百姓皆属耳目焉，圣人皆孩之。

十三（通行本50章）

出生入死。

生之徒十有三，死之徒十有三。

而民生生，动皆之死地之十有三。

夫何故也？以其生生也。

盖闻善摄生者，陵行不避兕虎，入军不被甲兵。兕无所

---

① 帛书甲乙本均残缺，通行本作"无不为"，高明《帛书老子校注》则勘
   校作"无以为"，笔者综合分析，认为当从通行本作"无不为"。

② 帛书甲本作"愉愉"，乙本作"欲欲"，高明《帛书老子校注》勘校从
   通行本作"歙歙"。

投其角，虎无所措其爪，兵无所容其刃，夫何故也？以其无死地焉。

十四（通行本51章）

道生之而德畜之，物形之而器成之。

是以万物尊道而贵德。

道之尊，德之贵也，夫莫之爵，而恒自然也。

道生之、畜之、长之、育之、亭之、毒之、养之、覆之。

生而弗有也，为而弗恃也，长而弗宰也，此之谓玄德。

十五（通行本52章）

天下有始，以为天下母。

既得其母，以知其子。

既知其子，复守其母。

没身不殆。

塞其兑，闭其门，终身不勤。

启其兑，济其事，终身不救。

见小曰明，守柔曰强。

用其光，复归其明，毋遗身殃，是谓袭常。

十六（通行本53章）

使我挈有知，行于大道，唯迤是畏。

大道甚夷，民甚好径。

朝甚除，田甚芜，仓甚虚。

服文采，带利剑，猒饮①食，资财有余。

是谓盗竽，非道也哉！

十七（通行本54章）

善建者不拔，善抱者不脱，子孙以祭祀不绝。

修之身，其德乃真。

修之家，其德有余。

修之乡，其德乃长。

修之邦，其德乃丰。

修之天下，其德乃博。

以身观身，以家观家，以乡观乡，以邦观邦，以天下观天下。

吾何以知天下之然哉？以此。

---

① 帛书甲本残缺，乙本作"猒食"，高明《帛书老子校注》勘校作"猒
饮食"。

十八（通行本55章）

含德之厚者，比于赤子。蜂虿虺蛇弗螫，攫鸟猛兽弗搏。

骨弱筋柔而握固，未知牝牡之会而朘怒，精之至也。

终日号而不嚘，和之至也。

知和曰常，知常曰明，益生曰祥，心使气曰强。

物壮即老，谓之不道，不道早已。

十九（通行本56章）

知者弗言，言者弗知。

塞其兑，闭其门。

和其光，同其尘。

挫其锐，解其纷。

是谓玄同。

故不可得而亲，亦不可得而疏；

不可得而利，亦不可得而害；

不可得而贵，亦不可得而贱。

故为天下贵。

二十（通行本57章）

以正治邦，以奇用兵，以无事取天下。

吾何以知其然也哉？

夫天下多忌讳，而民弥贫。

民多利器，而邦家滋昏。

人多知巧，而奇物滋起。

法物滋彰，而盗贼多有。

是以圣人之言曰：

我无为而民自化，我好静而民自正，我无事而民自富，我欲不欲而民自朴。

二十一（通行本58章）

其政闷闷，其民惇惇。

其政察察，其民狭狭。

祸，福之所倚；

福，祸之所伏。

孰知其极？

其无正也，正复为奇，善复为妖。

人之迷也，其日固久矣。

是以方而不割，廉而不刺，直而不肆，光而不耀。

二十二（通行本59章）

治人事天莫若啬，夫唯啬，是以早服。

早服是谓重积德，

重积德则无不克。

无不克则莫知其极。

莫知其极，可以有国。

有国之母，可以长久。

是谓深根固柢，长生久视之道也。

二十三（通行本60章）

治大国若烹小鲜。

以道莅天下，其鬼不神。

非其鬼不神也，其神不伤人也。

非其神不伤人也，圣人亦弗伤也。

夫两不相伤，故德交归焉。

二十四（通行本61章）

大邦者，下流也，天下之牝。天下之交也，牝恒以静胜牡。

为其静也，故宜为下。

大邦以下小邦，则取小邦。

小邦以下大邦，则取于大邦。

故或下以取，或下而取。

故大邦者，不过欲兼畜人；

小邦者，不过欲入事人。

夫皆得其欲，大者宜为下。

二十五（通行本62章）

道者万物之主也，

善人之宝也，不善人之所保也。

美言可以市，尊行可以加人。

人之不善也，何弃之有。

故立天子，置三卿，虽有拱之璧以駃驷马，不若坐而进此。

古之所以贵此者何也？

不谓求以得，有罪以免与？

故为天下贵。

二十六（通行本63章）

为无为，事无事，味无味。

大小，多少，报怨以德。

图难乎其易也，为大乎其细也。

天下之难作于易，天下之大作于细。

是以圣人终不为大，故能成其大。

夫轻诺必寡信，多易必多难。

是以圣人犹难之，故终于无难。

二十七（通行本64章）

其安也，易持也。

其未兆也，易谋也。

其脆也，易破也。

其微也，易散也。

为之于其未有也，治之于其未乱也。

合抱之木，生于毫末。九层之台，作于蔂土。百仞之高，始于足下。

为之者败之，执之者失之。

是以圣人无为也，故无败也；

无执也，故无失也。

民之从事也，恒于几成而败之，故慎终若始，则无败事矣。

是以圣人欲不欲，而不贵难得之货；

学不学，而复众人之所过。

能辅万物之自然，而弗敢为。

二十八（通行本65章）

古之[①]为道者，非以明民也，将以愚之也。

① 帛书甲本作“故曰”，乙本作“古之”，按高明《帛书老子校注》，此文当按照乙本订正。

民之难治也，以其智也。

故以智治邦，邦之贼也；

以不智治邦，邦之德也。

恒知此两者，亦稽式也；

恒知稽式，此谓玄德。

玄德深矣，远矣，与物反矣，乃至大顺。

二十九（通行本66章）

江海之所以能为百谷王者，以其善下之，是以能为百谷王。

是以圣人之欲上民也，必以其言下之；其欲先民也，必以其身后之。

故居上而民弗重也，居前而民弗害也[①]。

天下乐推而弗厌也。

非以其无争与，故天下莫能与争。

三十（通行本80章）

小邦寡民，

使有十百人之器而毋用，使民重死而远徙。

[①] 帛书甲本作"居前而民弗害也，居上而民弗重也"，乙本作"居上而民弗重也，居前而民弗害也"，顺序颠倒，高明《帛书老子校注》勘校从乙本。

有舟车^①无所乘之，有甲兵无所陈之，

使民复结绳而用之。

甘其食，美其服，乐其俗，安其居，

邻邦相望，鸡狗之声相闻，民至老死不相往来。

三十一（通行本81章）

信言不美，美言不信。

知者不博，博者不知。

善者不多，多者不善。

圣人无积，既以为人，己愈有；

既以予人矣，己愈多。

故天之道，利而不害；

人之道，为而弗争。

三十二（通行本67章）

天下皆谓我大，大而不肖。

夫唯不肖，故能大；

若肖，久矣其细也夫。

---

① 甲本作"车舟"，乙本作"舟车"，高明《帛书老子校注》勘校从乙本
作"舟车"。

我恒有三宝，持而保^①之。

一曰慈，二曰俭，三曰不敢为天下先。

夫慈，故能勇；俭，故能广；不敢为天下先，故能为成器^②长。

今舍其慈，且勇；舍其俭，且广；舍其后，且先，则必死矣。

夫慈，以战则胜，以守则固。

天将建之，如以慈垣之。

三十三（通行本68章）

善为士者不武，

善战者不怒，

善胜敌者弗与，

善用人者为之下。

是谓不争之德，是谓用人。

是谓配天，古之极也。

---

① 高明《帛书老子校注》勘校作"宝"，笔者以为当从流通本作"保"。

② 帛书甲本为"事"，乙本为"器"，高明《帛书老子校注》勘校从乙本作"器"。

三十四（通行本69章）

用兵有言曰：

吾不敢为主而为客，吾不敢进寸而退尺。

是谓行无行，攘无臂，执无兵，乃无敌矣。

祸莫大于无敌，无敌近亡吾宝矣。

故称兵相若，则哀者胜矣。

三十五（通行本70章）

吾言甚易知也，甚易行也；

而人莫之能知也，而莫之能行也。

言有君，事有宗。

夫唯无知也，是以不我知。

知我者希，则我贵矣。

是以圣人被褐而怀玉。

三十六（通行本71章）

知不知，尚矣；

不知知，病矣。

是以圣人之不病，以其病病，是以不病。

三十七（通行本72章）

民之不畏威，则大威将至矣。

毋狭其所居，毋厌[①]其所生。

夫唯弗厌[②]，是以不厌。

是以圣人自知而不自见也，自爱而不自贵也。

故去彼取此。

三十八（通行本73章）

勇于敢者则杀，勇于不敢者则活。

此两者或利或害，

天之所恶，孰知其故？

天之道，不战而善胜，不言而善应，不召而自来，坦而善谋。

天网恢恢，疏而不失。

三十九（通行本74章）

若民恒且不畏死，奈何以杀惧之也？

若民恒且畏死，而为奇者吾得而杀之，夫孰敢矣。

---

① 帛书整理小组作"厌"，高明《帛书老子校注》勘校作"压"，笔者觉得不合老子本意，应从整理小组作"厌"。

② 帛书甲本为"事"，乙本为"器"，高明《帛书老子校注》勘校从乙本作"器"。

若民恒且必畏死，则恒有司杀者。

夫代司杀者杀，是代大匠斫也。

夫代大匠斫者，则希不伤其手矣。

四十（通行本75章）

人之饥也，以其取食税之多也，是以饥。

百姓之不治也，以其上有以为也，是以不治。

民之轻死，以其求生之厚也，是以轻死。

夫唯无以生为者，是贤贵生。

四十一（通行本76章）

人之生也柔弱，其死也筋朋坚强。

万物草木之生也柔脆，其死也枯槁。

故曰：坚强者死之徒也，柔弱者生之徒也。

兵强则不胜，木强则恒①。

强大居下，柔弱微细居上。

---

① 帛书本作"恒"，乙本作"兢"，按高明《帛书老子校注》，
"恒""兢"互假，此处当假借为"烘"，笔者勘校作"恒"。

四十二（通行本77章）

天之道，犹张弓者也，

高者抑之，下者举之；有余者损之，不足者补之。

故天之道，损有余而补①不足。

人之道则不然，损不足而奉有余。

孰能有余而有以取奉于天者乎？唯有道者乎。

是以圣人为而弗有，成功而弗居也。

若此其不欲见贤也。

四十三（通行本78章）

天下莫柔弱于水，而攻坚强者莫之能胜也，以其无以易之也。

柔之胜刚，弱之胜强，天下莫弗知也，而莫能行也。

故圣人之言云，曰：

受邦之垢，是谓社稷之主；

受邦之不祥，是谓天下之王。

正言若反。

---

① 帛书甲本残损，乙本作"益"，高明《帛书老子校注》勘定后与通行本同作"补"。

四十四（通行本79章）

和大怨，必有余怨，焉可以为善？

是以圣人执右契，而不以责于人。

故有德司契，无德司彻。

夫天道无亲，恒与善人。

《德》三千卅一 [①]

道　经

四十五（通行本1章）

道，可道也，非恒道也。

名，可名也，非恒名也。

无名，万物之始也；

有名，万物之母也。

故恒无欲也，以观其妙；恒有欲也，以观其所徼 [②]。

[①] 本章是帛书本《德》经最后一章，乙本有"《德》三千卅一"（甲本无）。

[②] 帛书整理小组作"噭"，高明《帛书老子校注》勘校作"徼"；与通行本同。

两者同出异名，同谓玄 ① 之又玄，众妙之门。

四十六（通行本2章）

天下皆知美之为美，恶矣；皆知善，斯不善矣。

有无之相生也，难易之相成也，长短之相形也，高下之相盈也，音声之相和也，先后之相随，恒也。

是以圣人居无为之事，行不言之教。

万物作而弗始也，为而弗恃也，成功而弗居也。

夫唯弗居，是以弗去。

四十七（通行本3章）

不上贤，使民不争。

不贵难得之货，使民不为盗。

不见可欲，使民不乱。

是以圣人之治也，虚其心，实其腹，弱其志，强其骨。

恒使民无知无欲也，

使夫智不敢、弗为而已，则无不治矣。

---

① 帛书整理小组及高明《帛书老子校注》均断句为："两者同出，异名同谓，玄之又玄"。笔者认为当作"两者同出异名，同谓玄之又玄"断句，于义方通畅。

四十八（通行本4章）

道盅，而用之又弗盈也。

渊呵，似万物之宗。

挫其锐，解其纷，和其光，同其尘。

湛呵似或存。

吾不知其谁之子也，象帝之先。

四十九（通行本5章）

天地不仁，以万物为刍狗。

圣人不仁，以百姓为刍狗。

天地之间，其犹橐籥与？

虚而不屈，动而愈出。

多闻数穷，不若守于中。

五十（通行本6章）

谷神不死，是谓玄牝。

玄牝之门，是谓天地之根。

緜緜呵若存，用之不勤。

五十一（通行本7章）

天长地久。

天地之所以能长且久者，以其不自生也，故能长生。

是以圣人退其身而身先，外其身而身存。

不以其无私与？故能成其私。

五十二（通行本8章）

上善似①水，水善利万物而有静。

居众人之所恶，故几于道矣。

居善地，心善渊，予善天，言善信，政善治，事善能，动善时。

夫唯不争，故无尤。

五十三（通行本9章）

持而盈之，不若其已。

揣而群②之，不可长保之也。

金玉盈室，莫之守也。

富贵而骄，自遗咎也。

---

① 甲本作"治"，高明《帛书老子校注》勘校为假借字作"似"，乙本作
"如"，通行本作"若"。

② 帛书甲乙本均作"兑"，高明《帛书老子校注》勘校作"锐"，楚简本
作"群"（即众多之意），笔者认为当从楚简本作"群"。

功遂身退，天之道也。

五十四（通行本10章）

载营魄抱一，能毋离乎？

抟气致柔，能婴儿乎？

涤除玄鉴，能毋疵乎？

爱民治国，能毋以智乎？

天门启阖，能为雌乎？

明白四达，能毋以知乎？

生之畜之，生而弗有，长而弗宰也，是谓玄德。

五十五（通行本11章）

卅辐同一毂，当其无，有车之用也。

埏埴为器，当其无，有埴器之用也。

凿户牖，当其无，有室之用也。

故有之以为利，无之以为用。

五十六（通行本12章）

五色使人之目盲，

驰骋田猎使人心发狂，

难得之货使人之行妨，

五味使人之口爽，

五音使人之耳聋。

是以圣人之治也，为腹不为目。

故去彼而取此。

五十七（通行本13章）

宠辱若荣①，贵大患若身。

何谓宠辱②？宠③为下，得之若荣，失之若荣，是谓宠辱若荣。

何谓贵大患若身？吾所以有大患者，为吾有身也。及吾无身，有何患？

故贵为身于为天下，若可以托天下矣；爱以身为天下，如可以迲④天下矣。

---

① 帛书甲乙本均作"惊"，池田知久《郭店楚简老子新研究》勘校作"攖"，裘锡圭《老子今研》勘校作"荣"。笔者综合上下文及全经分析，认为当从裘锡圭作"荣"，本章其余"惊"字亦皆作"荣"。

② 帛书甲乙本均有"若惊"，楚简本无，笔者认为当从楚简本。

③ 帛书甲乙本均为"宠之为下"，楚简本无"之"，笔者认为当从楚简本。

④ 帛书甲乙本均作"寄"，楚简本为"迲"，部分注疏认为是"寄"的假借字，笔者认为当从楚简本作"迲"。

五十八（通行本14章）

视之而弗见，名之曰微。

听之而弗闻，名之曰希。

捪之而弗得，名之曰夷。

三者不可致诘，故混而为一。

一者，其上不曒，其下不昧，绳绳^①不可名也，复归于无物。

是谓无状之状，无物之象，是谓忽恍。

随而不见其后，迎而不见其首。

执今之道，以御今之有，以知古始，是谓道纪。

五十九（通行本15章）

古之善为道者，微妙玄达，深不可识。

夫唯不可识，故强为之容，曰：

豫呵其若冬涉水；犹呵其若畏四邻，

严呵其若客，涣呵其若凌释，

敦呵其若朴，混呵其若浊，旷呵其若谷。

浊而静之徐清，安以动之徐生。

保此道不欲盈，夫唯不欲盈，是以能敝而不成。

_____

① 甲乙本均作"寻寻"，高明《帛书老子校注》勘校作"绳绳"。

六十 （通行本16章）

致虚极也，守静笃也，万物并作，吾以观其复也。

夫物芸芸，各复归于其根。归根曰静，静，是谓复命。

复命常也，知常明也。

不知常，妄，妄作，凶。

知常容，容乃公，公乃王，王乃天，天乃道，道乃久。

没身不殆。

六十一 （通行本17章）

太上下，知有之。其次，亲誉之。

其次，畏之。

其下，侮之。

信不足，安有不信。

犹呵，其贵言也。

成功遂事，而百姓谓我自然。

六十二 （通行本18章）

故大道废，安有仁义。

智慧出，安有大伪。

六亲不和，安有孝慈。

邦家昏乱，安有贞臣。

六十三（通行本19章）

绝圣弃智，民利百倍。

绝仁弃义，民复孝慈。

绝巧弃利，盗贼无有。

此三言也，以为文未足，故令之有所属。

见素抱朴，少私而寡欲。

绝学无忧。

六十四（通行本20章）

唯与诃，其相去几何？

美与恶，其相去何若？

人之所畏，亦不可以不畏。

人^①望呵，其未央哉！

众人熙熙，若飨于大牢，而春登台。

我泊焉未兆，若婴儿未咳。累呵，似无所归。

---

① 高明《帛书老子校注》及徐志均《老子帛书校注》均断句为"亦不可以
不畏人，望呵"，楚简本作"亦不可以不畏"，后面缺失，无"人"
字，帛书整理小组亦认为"人"字"疑是衍文"。笔者认为若有"人"
字，则当作"人望呵"断句。

众人皆有余，我独匮^①。我愚人之心也，沌沌呵。

俗人昭昭，我独若昏呵。俗人察察，我独闷闷呵。

忽呵，其若海。恍呵，其若无所止。

众人皆有以，我独顽以鄙。

我欲独异于人，而贵食母。

六十五（通行本21章）

孔德之容，唯道是从。

道之物，唯恍唯忽。

忽呵恍呵，中有象呵。

恍呵忽呵，中有物呵。

窈呵冥呵，其中有精^②呵。

其精甚真，其中有信。

自古及今，其名不去，以顺众父。

吾何以知众父之然也？以此。

---

① 帛书甲本作"遗"，乙本残缺，高明《帛书老子校注》校勘作"匮"。

② 帛书甲乙本均作"请"，帛书整理小组勘校作"精"（请、精通假），
而高明《帛书老子校注》则认为"精"应作"情"，徐志均《老子帛书
校注》则认为应作"精"。综合分析，笔者此处认为作"情"不妥，当
从整理小组作"精"。

六十六（通行本24章）

企者不立。

自视^①者不彰，自见者不明，自伐者无功，自矜者不长。

其在道，曰余食赘行。

物或恶之，故有裕者弗居。

六十七（通行本22章）

曲则全，枉则正。洼则盈，敝则新，少则得，多则惑。

是以圣人执一，以为天下牧。

不自视^②故彰，不自见故明，不自伐故有功，弗矜故能长。

夫唯不争，故莫能与之争。

古之所谓曲全者，几^③语哉，诚全归之。

六十八（通行本23章）

希言自然，飘风不终朝，暴雨不终日。

---

① 帛书甲乙本均作"视"，而高明《帛书老子校注》勘校作"是"，笔者
认为应从帛书本作"视"。

② 帛书甲乙本均作"视"，而高明《帛书老子校注》勘校作"是"，笔者
认为应从帛书本作"视"。

③ 帛书甲本残缺，乙本作"几"，高明《帛书老子校注》勘校同通行本作
"岂"，笔者觉得当从乙本作"几"而非"岂"。

孰为此，天地而弗能久，又况于人乎！

故从事而道者同于道，德者同于德，失者同于失。

同于德者，道亦德之。同于失者，道亦失之。

六十九（通行本25章）

有物混成，先天地生，寂呵寥呵，独立而不改，可以为天地母。

吾未知其名，字之曰道。吾强为之名曰大。

大曰逝，逝曰远，远曰反。

道大，天大，地大，王亦大。

国中有四大，而王居一焉。

人法地，地法天，天法道，道法自然。

七十（通行本26章）

重为轻根，静为躁君。

是以君子终日行，不离其辎重。

虽有荣环①官，燕处则超若。

若何万乘之王，而以身轻于天下？

轻则失本，躁则失君。

①　帛书甲乙本均作"环官"，通行本作"荣观"，高明《帛书老子校注》则勘校作"营观"，笔者认为当从帛书本作"环官"。

七十一 （通行本27章）

善行者无辙迹，善言者无瑕谪，善数者不以筹策，善闭者无关钥而不可启也，善结者无绳约而不可解也。

是以圣人恒善救人，而无弃人，物无弃材，是谓袭明。

故善人，善人之师；不善人，善人之资也。

不贵其师，不爱其资，虽知乎大迷，是谓妙要。

七十二 （通行本28章）

知其雄，守其雌，为天下溪。

为天下溪，恒德不离。恒德不离，复归于婴儿。

知其荣，守其辱，为天下谷。

为天下谷，恒德乃足。恒德乃足，复归于朴。

知其白，守其黑，为天下式。

为天下式，恒德不忒。恒德不忒，复归于无极。

朴散则为器，圣人用则为官长，夫大制无割。

七十三 （通行本29章）

将欲取天下而为之，吾见其弗得已。

夫天下神器也，非可为者也。

为者败之，执者失之。

故物或行或随，或嘘或吹，或强或羸，或培或堕。

是以圣人去甚，去泰，去奢。

七十四（通行本30章）

以道佐人主，不以兵强于天下，其事好还。

师之所居，荆棘生之。

善者果而已矣，毋以取强焉。

果而毋骄，果而勿矜，果而勿伐，果而毋得已居，是谓果而不强。

物壮而老，是谓之不道，不道早已。

七十五（通行本31章）

夫兵者，不祥之器也。物或恶之，故有裕者弗居。

君子居则贵左，用兵则贵右。故兵者非君子之器也。

兵者不祥之器也，不得已而用之，恬淡为上。

勿美也，若美之，是乐杀人也。

夫乐杀人，不可以得志于天下矣。

是以吉事上左，丧事上右；

是以偏将军居左，上将军居右，言以丧礼居之也。

杀人众，以悲哀泣之。

战胜，以丧礼处之。

七十六（通行本32章）

道恒无名，朴虽小，而天地^①弗敢臣。

侯王若能守之，万物将自宾。

天地相合，以雨甘露，民莫之令而自均焉。

始制有名，名亦既有，夫亦将知止，知止所以不殆。

譬道之在天下也，犹小谷之与江海也。

七十七（通行本33章）

知人者智也，自知者明也。

胜人者有力也，自胜者强也。

知足者富也，强行者有志也。

不失其所者久也，死而不亡者寿也。

七十八（通行本34章）

道泛呵，其可左右也。成功遂事而弗名有也。

万物归焉而弗为主，则恒无欲也，可名于小。

万物归焉而弗为主，可名于大。

是以圣人之能成大也，以其不为大也，故能成大。

---

① 帛书甲乙本均作"天下"，唯楚简本作"天地"，笔者认为当从楚简本
作"天地"。

七十九（通行本35章）

执大象，天下往。

往而不害，安平太。

乐与饵，过客止。

故道之出言也，曰淡呵其无味也，视之不足见也，听之不足闻也，用之不可既也。

八十（通行本36章）

将欲翕之，必固张之；将欲弱之，必固强之；将欲去之，必固举之；将欲夺之，必固与之。

是谓微明。

柔弱胜强，

鱼不可脱于渊，邦利器不可以示人。

八十一（通行本37章）

道恒无为也 ①，侯王若能守之，万物将自化。

化而欲作，吾将镇之以无名之朴。

———

① 帛书甲乙本均为"道恒无名"，据徐志均《老子帛书校注》，此处当以楚简本"道恒无为也"校正，笔者亦认为当从楚简本作"道恒无为也"。

镇之以无名之朴，夫将不欲。

不欲以静，天地将自正。

《道》二千四百廿六①

———————

① 本章是帛书本《道》经最后一章，乙本结尾有"二千四百廿六"
（甲本无）。

参考文献

[1] 马王堆汉墓帛书整理小组编. 马王堆汉墓帛书老子 [M]. 北京：文物出版社，1976.

[2] 高明撰. 帛书老子校注 [M]. 北京：中华书局，2020.

[3] 高明撰. 帛书老子校注（简体字本）[M]. 北京：中华书局，2023.

[4] 憨山德清著、梅愚点校. 老子道德经解 [M]. 武汉：长江出版传媒＆崇文书局，2015.

[5] 徐志均撰. 老子帛书校注 [M]. 南京：凤凰出版社，2016.

[6] 王卡点校. 老子道德经河上公章句 [M]. 北京：中华书局，1993.

[7] 许嘉璐主编. 马叙伦全集－老子校诂 [M]. 杭州：浙江古籍出版社，2020.

[8] 熊春锦撰. 老子德道经 [M]. 北京：国际文化出版社，2021.

[9] 苏辙、王弼著，李蒙洲译. 吃透道德经 [M]. 北京：

新世界出版社，2012.

[10] 蒋锡昌编著．老子校诂 [M].成都：成都古籍出版社，1988.

[11] 韩起编校．吕祖秘注道德经心传 [M].桂林：广西师范大学出版社，2014.

[12] 池田知久著．郭店楚简老子新研究 [M].南京：江苏人民出版社，2022.

[13] 成玄英著．老子义疏 [M].台湾：广文书局．2014.

[14] 王弼著，楼宇烈校释．老子道德经注 [M].北京：中华书局，2011.

[15] 范应元集注．宋刊老子道德经古本集注直解（宋）[M].北京：中国书店，2021.

[16] 刘笑敢著．老子古今－五种对勘与析评引论 [M].北京：中国社会科学出版社，2016.

[17] 方勇，刘涛译著．庄子译注 [M].上海：上海古籍出版社，2019.

[18] 李零著．郭店楚简校读记 [M].北京：中国人民大学出版社，2009.

[19] 裘锡圭著．老子今研 [M].上海：中西书局，2021.

[20]（汉）严遵著．王德有点校．老子指归 [M].北京：中华书局，1994.